MensSana

Über den Autor:
Tom Moore studierte Betriebswirtschaft und ist seit über zwanzig Jahren in einem internationalen Film- und Fernsehverleih tätig. Außerdem arbeitet er als Co-Produzent für Filme und Fernsehshows. Er ist verheiratet und Vater von zwei Kindern.
Weitere Informationen unter: *www.thegentlewaybook.com*

TOM MOORE

Wer richtig wünscht, hat mehr vom Leben

*Wie wir das Universum
zu unserem Verbündeten machen*

Aus dem Amerikanischen von
Jutta Ressel

Die amerikanische Originalausgabe erschien 2006 unter dem Titel
»The gentle way« bei Light Technology Publishing, USA.

Besuchen Sie uns im Internet: www.droemer-knaur.de
Alle Titel aus dem Bereich MensSana finden Sie im Internet unter
www.mens-sana.de

Deutsche Erstausgabe September 2010
Copyright © 2006 by Tom T. Moore
Copyright © 2010 der deutschsprachigen Ausgabe
Knaur Taschenbuch.
Ein Unternehmen der Droemerschen Verlagsanstalt
Th. Knaur Nachf. GmbH & Co. KG, München
Alle Rechte vorbehalten. Das Werk darf – auch teilweise –
nur mit Genehmigung des Verlags wiedergegeben werden.
Umschlaggestaltung: ZERO Werbeagentur, München
Umschlagabbildung: Gettyimages / MARK GARLICK / SPL
Satz: Adobe InDesign im Verlag
Druck und Bindung: GGP Media GmbH, Pößneck
Printed in Germany
ISBN 978-3-426-87479-0

2 4 5 3 1

Widmung

Dieses Buch ist Robert Shapiro gewidmet.

Seine Klugheit, sein Engagement und seine persönliche Beratung – und natürlich auch die Lektüre seiner Bücher – haben mich inspiriert, meinen eigenen Weg zu gehen, indem ich seine Konzepte der wohlwollendsten Fügungen, des lebendigen Gebets sowie die Warmes-Herz-Meditation auf mein eigenes Leben übertragen habe.

Robert Shapiro unterstützte mich auch bei meinem Wunsch, dieses Buch zu schreiben, und ich werde ihm immer dankbar sein, weil er mir geholfen hat, diese Konzepte weiterzuentwickeln. Erst dadurch wurde es mir möglich, sie einem breiteren Publikum zu vermitteln.

Die Konzepte haben mein Leben verändert und werden nun hoffentlich auch das Ihre verändern, wenn Sie damit beginnen, Ihre Wünsche richtig zu formulieren und mit dem Universum als Verbündetem einen sanften Weg einzuschlagen.

Tom T. Moore

INHALT

VORWORT 11

1 ENGEL 13
   Ein Schutzengel macht sich bemerkbar 14
   Mein Schutzengel hat Überstunden gemacht 17
   Schutzengel im Alltag 18

2 WIE ALLES ANFING 19
   Wohlwollen – eine neue Lebensqualität 19
   Was sind wohlwollendste Fügungen? 20
   Wie funktionieren wohlwollendste Fügungen? .. 21
   Wie häufig können Sie um wohlwollendste
   Fügung bitten? 23
   Ihr Schutzengel ist Ihr bester Freund 25
   Wohlwollendste Fügung nur für Sie –
   nicht für andere 27
   Widerstände gegen wohlwollendste Fügungen ... 27

3 EINFACHE SCHRITTE 31
   Einen Parkplatz finden 31
   Einen Sitzplatz finden 33
   Probleme mit dem Auto 34
   Überbuchte Flüge 36
   Karten für ausverkaufte Veranstaltungen 37
   Unmögliches ist machbar 39

    Erweiterung des Handlungsspielraums 42
    Wie Sie um wohlwollendste Fügung bitten 43

4 PRIVATES UMFELD 45

    Schritt ins Leben: Schule und dann? 45
    Eigene vier Wände 47
    Haustiere 49
    Kauf eines Fahrzeugs 51
    Infrastruktur am Wohnort 52
    Sportliche Aktivitäten 54
    Nichtauffindbares und Verlorenes
    wiederfinden 56
    Krankenhausaufenthalt 59
    Computerviren 60

5 BERUFLICHES UMFELD 61

    Vorstellungsgespräch 61
    Einstellen eines Mitarbeiters 64
    Neuer Arbeitsplatz 65
    Unterschiedliche Geschäftsbereiche 66
    Probleme am Arbeitsplatz 70
    Hin- und Rückweg zur Arbeit 71

**6 SELBSTÄNDIGE BERUFLICHE
TÄTIGKEIT** 73

    Geeignete Mitarbeiter finden 73
    Akquise neuer Kunden 74
    Vertragsverhandlungen 75
    Sicherheitsmaßnahmen 76
    Geschäftsbeziehungen 78

Finanzierung und Kredite 78
　　Steuerberater und Rechtsanwälte 81

7　URLAUBS- UND GESCHÄFTSREISEN 85
　　Unterwegs auf der Straße 85
　　Auf der Warteliste am Flughafen 86
　　Wohlwollendste Fügung als ständige Begleiter ... 87
　　Im Zeichen wohlwollender Synchronizität 94
　　Zeitgewinn durch Zeitverdichtung 95
　　Sinnhaftigkeit von Verzögerungen 97
　　Um etwas Unmögliches bitten 99

8　GEFÄHRLICHE ORTE
　　UND TÄTIGKEITEN 101
　　In einem Kriegsgebiet 101
　　Gefährliche Berufe 104
　　Taschendiebe 105
　　Risikosportarten 106

9　DIE AUSSTRAHLENDE WIRKUNG DER
　　WOHLWOLLENDSTEN FÜGUNG 109
　　Auswirkung auf die Mitmenschen 109
　　Mehr Sicherheit bewirken 111
　　Wege zu einem stressfreien Leben 112

10　LEBENDIGE GEBETE 113
　　Was sind lebendige Gebete? 113
　　Nachhaltigkeit durch einfache Worte 114
　　Beistand bei Rettungsaktionen 116
　　Lebendige Gebete für sich selbst 119

Den idealen Lebensgefährten finden 121
Erfolgreiche Geschäftsbeziehungen 122
Die globalisierte Gemeinschaft 124
Politische Entscheidungen 125
Für den Frieden 126
Für den Natur- und Umweltschutz 127

11 »ICH HOFFE« – EINE FORM, WÜNSCHE ZU ÄUSSERN 131

Wünsche mit Ich hoffe 131
Ich-hoffe-Wünsche – wie und wann einsetzen? .. 133

12 ABSCHLIESSENDE ÜBERLEGUNGEN 135

13 ANLEITUNGEN ZU EINEM SCHÖNEN LEBEN 137

Tägliche Affirmation 138
Merkzettel für wohlwollendste Fügungen 140
Träume aufschreiben 141
Meditation 144
Warmes-Herz-Meditation 148
Ein lebendiges Gebet im Katastrophenfall 149

DANKSAGUNG 151

VORWORT

Wenn ich in einem Buchladen in den Regalen herumstöbere oder im Internet online bin, fallen mir immer einige Bücher auf, die ich interessant finde. Ich lese dann den Rückseitentext und die ersten paar Seiten, um herauszufinden, ob mir der Titel lesenswert genug erscheint, um ihn auch zu kaufen. Ich nehme an, dass Sie gerade das Gleiche tun. Lassen Sie mich Ihnen deshalb erklären, welchen Gewinn Sie meiner Meinung nach von der Lektüre dieses Selbsthilfebuchs haben werden.

* Dieses Buch wird Sie wieder in Kontakt mit Ihrem Schutzengel bringen oder die vielleicht bereits bestehenden Bande vertiefen oder erweitern.
* Es wird Ihre spirituellen Überzeugungen stärken.
* Sie werden in Ihrem Leben mehr Freude und weniger Stress haben.
* Sie werden im Alltag Ihre Angst erheblich reduzieren.
* Indem das Buch Ihr Angstpotenzial minimiert, vermittelt es Ihnen Vertrauen, nämlich ein Gefühl von Sicherheit, egal wohin Sie unterwegs sind – zur Arbeit, auf dem Nachhauseweg, zum Einkaufen, quer durchs Land oder auch rund um die Welt.
* Das Buch wird Ihnen helfen, Ihre Ziele zu erreichen, die Sie sich im Leben gesteckt haben.

* Es wird Ihnen helfen, den richtigen Job zu finden.
* Es wird Ihnen behilflich sein, den passenden Lebenspartner zu finden.
* Es wird Ihnen helfen, mit wichtigen Herausforderungen im Leben, mit denen wir alle irgendwann konfrontiert werden, zu Rande zu kommen.
* Dieses Buch wird Sie inspirieren, mehr über unsere Welt und das Universum in Erfahrung zu bringen.

Wie kann ich Ihnen all diese Vorzüge versprechen? Weil ich diese Konzepte seit über zehn Jahren selbst anwende und ich Ihnen aufgrund meiner *unmittelbaren Erfahrungen* von meinen Erfolgen berichten kann. Dieses Buch ist dennoch ein Selbsthilfebuch, und dies bedeutet, dass Sie einen aktiven Beitrag leisten müssen. Was Sie in diesem Buch zu lesen bekommen, ist eine *einzigartige Information*, von der Sie bislang bestimmt noch nie gehört haben. Dieses Buch richtet sich an Menschen aller Konfessionen und Überzeugungen; die einzige Voraussetzung ist, dass Sie grundsätzlich an die Existenz von Engeln glauben.
Wenn die oben genannten Vorzüge in Ihnen nichts zum Klingen gebracht haben, sollten Sie dieses Buch jetzt lieber wieder ins Regal zurückstellen und Ihre Suche fortsetzen. Ich wünsche mir nun die wohlwollendste Fügung – dass das Buch Ihr Leben umfassender zu bereichern vermag, als Sie es sich momentan überhaupt vorstellen können. Was genau das zu bedeuten hat, werden Sie auf den folgenden Seiten entdecken.

1 ENGEL

In diesem Buch möchte ich Ihnen meine eigens entwickelte Wunschtechnik vorstellen. Zuerst einmal ist es mir jedoch ein Anliegen, Sie wieder in Kontakt mit dem Engelswesen zu bringen, das während Ihres Lebens über Sie wacht. Vielleicht haben Sie bereits Verbindung zu Ihrem Schutzengel und es geht nur darum, die bereits bestehende Verbindung zu vertiefen oder noch auszuweiten. Denn das Vertrauen in Ihren himmlischen Beistand wirkt wie ein Katalysator, der die Manifestation Ihrer Wünsche beschleunigt. Ich möchte, dass Sie entdecken, wie viel Unterstützung Sie in Ihrem Leben bekommen können. Zunächst aber wollen wir unsere Beziehung zu unserem Schutzengel genauer betrachten. Einen Punkt möchte ich allerdings unbedingt ansprechen, bevor ich fortfahre. Die Kommunikation mit Engeln ist keinesfalls eine Erfindung von mir, sie wird vielmehr seit Jahrtausenden praktiziert. Ich zeige Ihnen lediglich, wie man im einundzwanzigsten Jahrhundert dabei vorgeht.
Kürzlich war ich geschäftlich in Los Angeles und habe dort einen Freund aus Montreal getroffen. Wir sprachen darüber, was wir so alles gemacht haben, und ich erwähnte, dass ich an diesem Buch schreibe. Mein Freund Alphonse sagte: »Tom, du musst für dieses Buch ein Interview mit mir machen. Ich habe da ein paar wirklich

interessante Geschichten für dich auf Lager!« Bei den folgenden Episoden, die er mir erzählt hat, sollten Sie auf das Thema Gefahr achten, das in jeder Geschichte anklingt.

Ein Schutzengel macht sich bemerkbar

Als Alphonse drei oder vier Jahre alt war, lebte er in Italien. Im Treppenhaus seines Wohnhauses befand sich im dritten Stock ein Fenster, und immer wieder drängte sich ihm der Gedanke auf, da einmal hinauszuspringen. Als er beschloss, dies wirklich zu tun, ging er in die Hocke, um abzuspringen, doch plötzlich wurde er von einem seltsamen Mann im Anzug gepackt, der seinen Sturz vereitelte. Alphonse hatte ihn nie zuvor gesehen und sollte ihn auch nie mehr wiedersehen.
Als Neunjähriger befand sich Alphonse auf einem Schiff, um mit seiner Familie nach Kanada auszuwandern. Die See war rauh, und die Gischt hatte das Holzdeck rutschig werden lassen. Alphonse ging in einer rabenschwarzen Nacht (durch eine offene Luke) nach draußen, fiel auf dem schwankenden Deck sofort hin und rutschte unter das Seil, an dem sich die Matrosen immer festhalten, wenn sie von einem Ende des Schiffes zum andern gehen. Am Rand des Decks knallte er gegen eine Abdeckplatte, und da er keinen Halt fand, lief er Gefahr, ungebremst über die Abdeckung ins Meer geschleudert zu werden. Wie aus dem Nichts tauchte plötzlich ein Passagier auf. Er

hielt sich am Seil fest, packte Alphonse und hievte ihn wieder aufs sichere Deck.

Als Alphonse zu Beginn des Winters in Kanada mit dem Auto unterwegs war, hörte er, der nie den Sicherheitsgurt anlegte, ganz unvermittelt eine Stimme, die ihn aufforderte, diesmal nicht so nachlässig zu sein. Zweihundert Meter weiter kam er auf eine Eisplatte und schlitterte in die Gabelung zweier Leitplanken; das Auto wurde total demoliert. Trotz des schweren Aufpralls erlitt Alphonse nur einen Rippenbruch, denn der Sicherheitsgurt hatte verhindert, dass er durch das Seitenfenster geschleudert wurde. Anschließend schlitterten noch sechs weitere Fahrzeuge über die Eisplatte in sein Auto hinein.

Bei einer anderen Gelegenheit half Alphonse einem guten Freund in dessen Landhaus Pfosten in den Boden zu rammen. Der Freund stand oben auf der Leiter und drosch auf die Pfosten mit einem riesigen Spalthammer ein – an einem Ende befand sich die Axt, am anderen der Hammer. Alphonse hielt gerade den Pfosten fest, als eine innere Stimme ihm sagte, er solle zur Seite springen. In dem Moment entglitt seinem Freund der Spalthammer und fiel an genau der Stelle zu Boden, wo Alphonse eben noch gestanden hatte, und das hätte seinen sicheren Tod bedeutet.

Vor mehreren Jahren nahm Alphonse an einem Skikurs in den Südtiroler Bergen teil. Da der Schnee ein Stück weiter besser zu sein schien, verließ er die Piste. Plötzlich löste sich völlig grundlos ein Ski. Nachdem er die Bindung in Ordnung gebracht und sich wieder aufgerichtet hatte, sah Alphonse etwa einen halben Meter entfernt ein Loch im Schnee – und durch dieses Loch konnte er das Dorf sehen. Wäre er nur ein Stück weiter gefahren, wäre er in den Abgrund gestürzt.

Im letzten Jahr baute Alphonse mit seinem Auto einen Totalschaden; ein anderes Fahrzeug hatte ihn zu überhöhter Geschwindigkeit genötigt. Er hatte seinen Sicherheitsgurt angelegt, doch der Airbag ging nicht auf. Am Unfallort war »zufällig« ein Rettungssanitäter zugegen, der seinen freien Tag hatte. Alphonse wies wundersamerweise keinerlei Verletzungen auf, und er war sich sicher, dass sein Schutzengel ihm diesen Mann nur für den Notfall geschickt hatte.

Meines Erachtens bietet sich allerdings noch eine andere Interpretationsmöglichkeit an: Sein Schutzengel wollte ihm mitteilen, in Zukunft vorsichtiger zu fahren, sonst würde er beim nächsten Mal womöglich wirklich einen Krankenwagen brauchen.

Diese Geschichten haben alle dasselbe Thema: Alphonse hat einen Schutzengel, der auf ihn aufpasst und sein Bestes tut, um ihn vor Verletzungen oder gar vor dem Tod zu bewahren. Auf seinen Schutzengel zu hören und dementsprechend zu handeln, scheint für Alphonse fast schon eine Art instinktives Verhalten zu sein. Jedenfalls ist Alphonse das alles im Lauf der Jahre passiert und vielen, die das jetzt lesen, vermutlich auch schon.

Mein Schutzengel hat Überstunden gemacht

Mein erstes erfolgreiches Unternehmen gründete ich in Dallas – einen Skiclub für Singles. Ich hatte keine nennenswerten finanziellen Rücklagen und so kaufte ich mit einem Kredit einen alten Schulbus, um die Clubmitglieder während der Saison jedes Wochenende in die Berge von New Mexico zu chauffieren. Bei einem der ersten Trips schickte uns ein Fernsehsender ein Kamerateam mit. Mein Schutzengel hatte ein Auge auf mich, als wir in einen so fürchterlichen Schneesturm gerieten, dass ich mit Müh und Not die Markierungen am Straßenrand erkennen konnte. Der Vergaser fror langsam ein, und der Bus blieb schließlich stehen – das Vorderteil in New Mexico, das Heck in Texas; was dann übrigens für einige Texas-Witze gut war. Wir nutzten jedenfalls die Scheinwerfer des Kameramanns, um den Vergaser aufzutauen, so dass der Bus in die nächste Stadt zuckeln konnte. Die übliche Fahrtzeit von zwölf Stunden verlängerte sich auf zweiundzwanzig. Es hat uns nie wieder ein Kamerateam begleitet!

Bei einem anderen Skiausflug während der Heimfahrt nach Dallas gab mitten in der Nacht das Bremssystem den Geist auf. Während der letzten dreihundert Kilometer benutzten wir sozusagen die Handbremse als Bremsersatz. Als wir durch eine Kleinstadt in Texas fuhren, drosselte der Mann, der die Handbremse betätigte, unsere Geschwindigkeit nicht ausreichend, und von einem Moment auf den anderen bretterte ich in Schieflage, auf nur zwei Rädern, in eine Neunzig-Grad-Kurve. Der Zwischenfall hätte verheerende Folgen haben können. Mein Schutzengel machte Überstunden, und niemand kam zu Schaden.

Schutzengel im Alltag

Im ganz normalen Alltag denkt kaum jemand an die Schutzengel, sondern nur in Situationen, in denen es brenzlig wird.

Wir gehen davon aus, dass ein Schutzengel ein Engelswesen ist, das den Auftrag hat, über das gesamte Leben eines Menschen zu wachen, oder dies auch freiwillig tut. Der Schutzengel wird dabei unterstützt von engelhaften Geistführern, seien es die verstorbenen Eltern, Verwandte oder Freunde.

Wie Sie lernen können, den Kontakt zu Ihrem Schutzengel tagtäglich herzustellen, erfahren Sie in diesem Buch. Sie erfahren auch die enormen Vorteile, die sich daraus ergeben. Wer seine Wünsche klar zum Ausdruck bringt, hat mehr vom Leben, denn sein Leben gestaltet sich einfacher und entspannter. Beweisen werde ich Ihnen das allerdings nicht. Sie werden sich das vielmehr selbst beweisen, und zwar mit Hilfe der unmittelbaren Erfahrungen, die Sie machen werden. Im nächsten Kapitel erkläre ich Ihnen, wie ich dieses simple System entdeckt habe, das ich nun schon seit zehn Jahren anwende.

2 WIE ALLES ANFING

Zu lernen, wie man mit seinem Schutzengel in Kontakt kommt, ist einfach. Ungewohnt und das Schwierigste wird es wohl sein, diese Kommunikation in den Alltag einzubinden, denn der Mensch hängt bekanntlich an seinen Gewohnheiten. Es ist also immer auch Einsatz gefragt, wenn es darum geht, etwas Neues in den Alltag zu integrieren, durch das wir in den Genuss vieler Vorteile kommen und das unser Leben bereichert.

Wohlwollen – eine neue Lebensqualität

Ich habe immer viel gelesen: Romane, Sachbücher und alle möglichen anderen Bücher, vor allem waren es aber die spirituellen Themen, die immer schon einen gewissen Reiz auf mich ausgeübt haben. Vor etwa zehn Jahren fiel mir auf, dass in vielen spirituellen Büchern mit dem Begriff »Wohlwollen« Vorgänge aus dem Reich der Engel beschrieben werden. Robert Shapiro vermerkte in seinem Buch *The Council of Creators* (aus dem mehrbändigen Werk *Explorer Race*) »… streben Sie für sich nach mehr wohlwollenden Erfahrungen. Suchen Sie sich mehr wohlwollende Gesellschaft und bemühen Sie sich mit Ihrer Bezugsperson, aber auch mit Ihrer Familie und Ihrem

Umfeld um solche wohlwollenden Erfahrungen.« Diese Vorschläge kamen mir etwas vage vor, aber ich war trotzdem fasziniert davon.

Das englische Äquivalent für den Begriff »Wohlwollen« – *benevolence* – wird in der englischen Alltagssprache kaum angewendet, und gerade deshalb ist es mir wahrscheinlich aufgefallen. In *Webster's Dictionary* stieß ich auf folgende Definition: »Freundliche Grundeinstellung, die durch gute Taten Glück und Wohlstand bewirkt, aber auch Großmut und Freude am Vollbringen guter Taten.« Ich war mir nicht so recht sicher, welcher Zusammenhang zu meiner Lektüre bestand, aber meine Neugier war geweckt.

Was sind wohlwollendste Fügungen?

Robert Shapiro formulierte in seinem Buch das Konzept der »wohlwollenden Resultate« (benevolent outcome) und bezeichnete damit die aktive Bitte, dass bei einem bestimmten Vorgang die vorteilhafteste, förderlichste, wohlwollendste Fügung erzielt wird. Als ich davon las, hörte sich das so interessant an, dass ich es sofort ausprobieren wollte. Mir war klar, dass ich eine unmittelbare Rückmeldung brauchte, um zu sehen, ob mein »Experiment« funktionierte: Ich bat laut um eine wohlwollende Fügung bei der Parkplatzsuche in unmittelbarer Nähe zu meinen Postamt. Dies schien mir keine

allzu leichte »Übung«, da es in dieser Gegend nur sehr wenige Parkplätze gibt, zumal sich direkt neben der Post eine Tierarztpraxis und ein Fast-Food-Lokal befinden.
Das Experiment hat bestens geklappt, es war fantastisch! Einige Sekunden bevor ich ankam, fuhr jemand aus einer Parklücke heraus. Nach dieser Erfahrung begann ich Shapiros Konzept auch anzuwenden, wenn wir ins Theater gingen oder abends Essen gehen wollten. Es funktionierte immer wieder prächtig – mit einer Ausnahme: Einmal nahm ich den erstbesten Parkplatz, der aber etwas entfernt zum Restaurant lag. Als wir auf das Lokal zugingen, bemerkte ich direkt vor der Eingangstür einen freien Parkplatz, der auf mich gewartet hätte – wäre ich mutig genug gewesen, näher an das Restaurant heranzufahren.

Wie funktionieren wohlwollendste Fügungen?

Mit der Zeit begann ich meine Bitten auf alle Lebensbereiche auszuweiten – auf meine geschäftlichen Vorhaben und auf mein Privatleben. Und mit Erfolg! Bevor ich Ihnen in den nächsten Kapiteln Beispiele geben werde, wie Sie um solch wohlwollendste Fügung bitten können, wollen wir mit den Grundlagen beginnen.

Checkliste: Grundlagen

* Mit der Bitte um eine wohlwollendste Fügung ersuchen Sie Ihren Schutzengel um Beistand.
* Die Bitte um eine wohlwollendste Fügung muss eine exakte Absicht verfolgen: Wünschen Sie sich etwas Konkretes.
* Die Bitten sind nur wirksam, wenn Sie wirklich Wohlwollendes und Hilfreiches beabsichtigen, unabhängig davon, ob das Wohlmeinende in Ihrer Bitte deutlich zum Ausdruck kommt oder nicht.
* Mit Ihrer Bitte formulieren Sie einen Wunsch, der in Erfüllung gehen soll. Sie sollen nicht darum bitten, dass etwas *nicht* eintreten soll.
* Das Konzept kommt nur dann zur Wirkung, wenn die wohlwollendste Fügung allen Beteiligten dient, auch denjenigen, die sozusagen Pate gestanden sind und Sie dazu veranlasst haben, die Bitte zu formulieren.
* Die Bitte muss sich auf *Sie selbst* beziehen, wobei Menschen in Ihrem Umfeld durchaus von den wohlwollenden Auswirkungen profitieren können.

Um es nochmals zu betonen: Die Bitte um eine wohlwollendste Fügung ist keine Hoppla-Hopp-Aktion, die im Vorbeigehen geschieht: Denn es ist eine Bitte an Ihren Schutzengel, Ihnen beizustehen. Möglicherweise spüren Sie, nachdem Sie Ihre Bitte zum Ausdruck gebracht haben, Energie – ich denke, Ihr Schutzengel lässt Ihnen eine Rückmeldung in Form von Liebe zuteilwerden. Seien Sie präsent und legen Sie Ihre innersten Gefühle in die Bitte. Schließlich wünschen Sie sich eine besondere Verbindung mit Menschen, die etwas zu einem speziellen Zeitpunkt tun sollen, was sie sonst nicht tun würden. Natürlich nur, falls dies nicht deren Willen oder Eigeninteressen entgegenläuft.

Um ein positives Ergebnis zu erzielen, darf Ihre Bitte keine Negationen enthalten: Ich würde also beispielsweise formulieren: »Ich bitte um die wohlwollendste Fügung, wenn ich mit dem Auto ins Büro fahre.« Sicher sagt man nicht: »Ich bitte um die wohlwollendste Fügung, damit ich auf der Fahrt ins Büro keinen Totalschaden baue.«

Wie häufig können Sie um wohlwollendste Fügung bitten?

Die Anzahl an Bitten, die Sie im Lauf der Zeit formulieren können, ist unbegrenzt. Sie können gar nicht übers Ziel hinausschießen. Stellen Sie sich einen Stapel Formulare vor, auf denen geschrieben steht:

> *Ich bitte um die wohlwollendste Fügung für*
> _____.

Tragen Sie Ihre Bitte ein, und wenn Sie mögen, können Sie sich auch bedanken. Mit Hilfe dieser Formulare habe ich in etwa zehn Jahren schätzungsweise um zehn- bis fünfzehntausend wohlwollendste Fügungen gebeten, und ich habe noch immer eine stattliche Anzahl an Formularen – sie werden offensichtlich nie weniger.

Bedenken Sie bitte, dass Ihr Schutzengel keine Stimmbänder hat und sich nur mitteilen kann, indem er Ihnen Botschaften zuflüstert und Situationen schafft, die Ihnen zeigen, dass Sie nicht alleine sind – Ihr Schutzengel ist stets bei Ihnen. Entwickeln Sie eine erhöhte Aufmerksamkeit für solche Hinweise. Das erfordert allerdings Übung, denn möglicherweise reagiert Ihr Schutzengel etwas langsam, weil Sie bislang nur in kritischen Zeiten Kontakt aufgenommen haben. Nun müssen Sie herausfinden, wie Sie am besten miteinander kommunizieren. Und je häufiger Sie um wohlwollende Fügung bitten, desto besser sind Sie auf Ihren Schutzengel und Ihre Geistführer eingestellt.
Mein Französischlehrer in der Schule brachte mir bei, dass man etwas mindestens siebenmal wiederholen muss, bis es wirklich sitzt. Bringen Sie an der Badezimmertür oder am Kühlschrank ein kleines Schild an, auf dem ge-

schrieben steht: »Heute um eine wohlwollende Fügung bitten!« Nur so denken Sie daran und verhindern, dass dieses Konzept allmählich seine Wirkung verliert und in der Alltagsroutine untergeht.

Ihr Schutzengel ist Ihr bester Freund

Oft werde ich auch gefragt, ob nicht ein Geistlicher als Stellvertreter um wohlwollende Fügung bitten könne. Doch wie soll das gehen? Stellen Sie sich vor, dreihundert Personen wenden sich den lieben langen Tag an ihren spirituellen Beistand, und dieser bittet für jeden um einen Parkplatz oder um eine Verabredung, oder er erfragt Tausende anderer Anliegen? Das wäre schlichtweg unmöglich.

Stellen Sie sich vor, Sie würden für einen Wohnungsumzug jemanden anrufen und bitten, er solle wiederum Ihren besten Freund verständigen, damit er Ihnen behilflich ist. So umständlich würden Sie keinesfalls vorgehen, sondern direkt Ihren Freund um Hilfe bitten. In diesem Fall ist es genauso: Sie bitten Ihren Schutzengel um Hilfe, denn schließlich ist er Ihr bester Freund.

Ihr Schutzengel ist rund um die Uhr bereit, Ihnen beizustehen – allerdings müssen Sie ihn darum bitten. Wir können uns dazu folgendes Bild vorstellen: Ihr Schutzengel und Ihre Geistführer sitzen da und verfolgen wie im Fernsehen Ihr Leben, während Sie es leben. Bislang sind der Schutzengel und die Geistführer ziemlich gelangweilt, weil sie nur sehr selten behilflich sein konnten. Falls es doch dazu kam, konnten sie Ihnen nur etwas »ins Ohr flüstern« – doch Sie haben die meiste Zeit gar nicht hingehört. Deshalb sind sie außer sich vor Freude, wenn Sie deren Präsenz anerkennen, indem Sie um Beistand ersuchen, und sei er auch noch so geringfügig. Und was geschieht mit Ihnen: Die Bitte um wohlwollendste Fügung festigt Ihren spirituellen Glauben, weil Sie in der ständigen Rückmeldung leben, dass es Engelswesen gibt, die Sie lieben und Ihnen zu einem sanfteren, weniger stressigen Leben verhelfen wollen. Sie haben mehr vom Leben, wenn Sie das Universum zu Ihrem Verbündeten machen.

Wohlwollendste Fügung nur für Sie – nicht für andere

Man hat mir die Frage gestellt, ob die Möglichkeit besteht, um eine wohlwollendste Fügung für den Weltfrieden oder für Katastrophenopfer oder dergleichen zu bitten. Bei meinen Meditationen erhielt ich folgende Antwort: Die Engelswesen, die wohlwollendste Fügung hervorbringen, sind nicht mit den himmlischen Wesen identisch, die sich um Bitten für andere Menschen kümmern.

Sobald Sie einen anderen Menschen in Ihre Bitte einbeziehen oder für eine andere Person etwas erbitten, handelt es sich um lebendige Gebete (siehe Kapitel 10). Bei einer wohlwollenden Fügung hingegen sind Sie – und nur Sie – der Empfänger der (ausgeführten) »Bestellung«. Obwohl es sich in beiden Fällen um ähnliche Anliegen handelt, gibt es doch einige Unterschiede zwischen diesen beiden »Wunschformen« und dem »Ich-hoffe-Wunsch«, der sich an eine in diesem Moment in Aktion befindliche Person richtet (siehe Kapitel 11).

Widerstände gegen wohlwollendste Fügungen

Immer wieder werden Widerstände formuliert, wenn ich mein Konzept der wohlwollendsten Fügungen einer breiten Öffentlichkeit vorstelle. So ist es vielen zunächst fremd, derartige Wünsche auszusprechen und das selten

verwendete Wort »Wohlwollen« zu gebrauchen. Doch dies ist die »Sprache der Engel« und wenn Sie möchten, dass Ihr Engel Ihre Bitte erhört, müssen Sie sich seiner Sprache bedienen.
Damit Ihnen dieses Vokabular vertrauter wird, wollen wir nun eine Bitte formulieren. Sprechen Sie bitte den unten stehenden Satz laut aus.

> Wohlwollendste Fügung
>
> *Ich bitte um die wohlwollendste Fügung durch das Lesen dieses Buches und dass die Vorteile meine Erwartungen und Vorstellungen sogar noch übertreffen. Danke.*

Die zweite Hälfte der Bitte »und dass die Vorteile meine Erwartungen und Vorstellungen sogar noch übertreffen« besteht aus einem Zusatz, den ich später noch erklären werde. Haben Sie den Satz bereits laut gesprochen? Sollten Sie sich in der Öffentlichkeit aufhalten, können Sie den Satz vor sich hin flüstern oder aufschreiben, aber Sie müssen ihn wirklich notieren und nicht nur vor sich hin denken.
Ein anderer Widerstand gegen dieses Konzept ist die Überzeugung, nicht um Beistand bitten zu dürfen, weil man es nicht wert ist. Vielleicht wurden Sie von Ihren Eltern mit den Worten es-nicht-wert-zu-sein niederge-

macht oder Ihr Lehrer hat Sie abgewertet und Ihre Bemühungen miesgemacht. Wie dem auch sei, Sie haben das Recht, mit dem besten Freund in Ihrem Leben zu sprechen – mit Ihrem Schutzengel. Lassen Sie sich dieses Recht von niemandem streitig machen.

Ich werde oft gefragt: »Tom, sollten wir nicht nur um wirklich wichtige Dinge bitten und diesen alltäglichen Kleinkram außen vor lassen?« Meine Antwort lautet: Erst wenn man reichlich Erfahrungen mit der Bitte um Kleinigkeiten gemacht und den Kontakt zum eigenen Schutzengel aufgebaut und erprobt hat, sollte man sich Ergebnisse von Bedeutung wünschen. Wenn Sie um Kleinigkeiten bitten, beispielsweise um einen Parkplatz oder Sitzplatz im Bus, bekommen Sie sofort eine Rückmeldung, dass jemand für Sie da ist. Und ausgestattet mit diesem Vertrauen können Sie um wichtigere Ergebnisse bitten.

3 EINFACHE SCHRITTE

Wir beginnen mit einer einfachen Bitte, damit Sie sofort die Rückmeldung bekommen, dass der Wunsch nach einer wohlwollendsten Fügung wirklich in Erfüllung geht.

Einen Parkplatz finden

Vor nicht allzu langer Zeit fuhren meine Frau, Freunde und ich nach Sedona, einem der schönsten Orte in den USA. Wir fuhren in die Innenstadt, um dort mexikanisch essen zu gehen. Wie in vielen anderen Touristenorten auch kann sich in Sedona die Parkplatzsuche aufgrund der unzähligen Souvenirläden und Restaurants recht problematisch gestalten, zudem verläuft mitten durch die Innenstadt eine vierspurige Straße. Ich bat also beim Verlassen des Hotels um die wohlwollendste Fügung. Als wir uns dem Restaurant näherten, war auf beiden Straßenseiten keine einzige Parklücke zu sehen. Stattdessen wartete »unser« Parkplatz – welch grandioses Ergebnis – direkt vor dem Eingang. Auch hier hatte ich wieder ein unmittelbares Feedback erhalten.

Nehmen wir an, Sie fahren zum Einkaufscenter, zum Abendessen oder ins Kino, also an einen Ort, wo Parkplätze in der Regel Mangelware sind. Sprechen Sie geraume Zeit vor Ihrer Ankunft den unten stehenden Satz.

> Wohlwollendste Fügung
>
> *Ich bitte um die wohlwollendste Fügung beim Finden eines Parkplatzes in der Nähe der/des _____. Danke.*

Dazu meinten einige Freunde: »Aber Tom, ich nutze meinen ›Parkplatz-Engel‹ schon seit langem.« Hier nun meine Erklärung, weshalb ich es besser finde, um die wohlwollendste Fügung zu bitten: Wenn Sie Ihren ›Parkplatz-Engel‹ um einen nächstgelegenen Parkplatz bitten, wird er Ihnen diesen Wunsch sicherlich erfüllen. Doch es ist nicht gesagt, dass es wirklich die bestmögliche Stelle für Ihr Auto ist, denn beispielsweise könnte jemand zurückstoßen und Ihr Auto eindellen. Es könnte auch sein, dass Sie einen alten Freund, den Sie seit Jahren nicht gesehen haben, verpassen, wenn Sie zu nah am Ziel parken. Oder Ihnen entgeht ein Sonderverkauf, weil Sie nicht an einem bestimmten Geschäft vorbeikommen.

Die Bitte um eine wohlwollendste Fügung liefert hingegen perfekte, da auf Ihre Situation bestens abgestimmte, Ergebnisse. Selbst wenn es im ersten Moment den Anschein hat, dass Ihr Wunsch ein Flop war, werden Sie ziemlich schnell wahrnehmen, wie viele andere Möglichkeiten dadurch ins Spiel gekommen sind. In neunundneunzig Prozent aller Fälle bekommen Sie den nächstgelegenen Parkplatz, und ist dies nicht so, dann muss es einen guten Grund dafür geben.

Clara in Seattle schrieb mir, dass sie zum ersten Mal um eine wohlwollendste Fügung bat, als sie an einem heißen Sommertag ihren Enkel abholte. Sie wusste, dass sie auf ihn würde warten müssen, und hoffte deshalb, in der Nähe einen Parkplatz zu finden. Sie bat also um die wohlwollendste Fügung. Als sie bei der Schule ankam, gab es nur in der letzten Reihe eine Parklücke – aber es war die einzige im Schatten eines Baumes! So wurde Clara schließlich zur Anhängerin dieses Konzepts. Heute bittet sie bei allen Gelegenheiten um eine wohlwollendste Fügung. Und sie hat nie Pech, wie sie mir mitteilt.

Einen Sitzplatz finden

Es ist Teil meines Filmverleih-Jobs, zu Pressevorstellungen ins Kino zu gehen. Ich sitze gern mitten in der Reihe, am liebsten auf halber Höhe, damit das Zentrum der Leinwand genau in meinem Blickfeld liegt. Bevor ich mich auf den Weg mache, bitte ich immer um die wohlwollendste Fügung, dass diese Plätze noch frei sind – und das ist auch ausnahmslos der Fall.

Diejenigen von Ihnen, die mit dem Zug, der U-Bahn oder dem Bus zur Arbeit fahren, haben oft Schwierigkeiten, einen Sitzplatz zu finden. Unter diesen Umständen sollten Sie die unten stehende Formulierung laut aussprechen.

> Wohlwollendste Fügung
>
> *Ich bitte um die wohlwollendste Fügung, beim Einsteigen in die/den _____ [Zug, Bus, U-Bahn etc.] einen Sitzplatz zu bekommen. Danke.*

Kürzlich in Paris musste ich mit einem Freund wegen eines Geschäftstermins mit der U-Bahn ans andere Ende der Stadt. Um hinzukommen, mussten wir dreimal umsteigen, bei der Rückfahrt zweimal. Ich bat um das hilfreiche Ergebnis für jeden Weg. Als wir einstiegen, wartete bereits ein Sitzplatz auf mich, obwohl viel Betrieb herrschte.

Probleme mit dem Auto

Im August fuhren meine Frau, einige Freunde und ich übers Wochenende nach Mena, Arkansas. Auf der Fahrt stellte ich fest, dass wir nicht genügend Kühlflüssigkeit für die Klimaanlage hatten. Da es furchtbar ist, an so heißen Sommertagen ohne eine funktionierende Klimaanlage unterwegs zu sein, bat ich um die wohlwollendste

Fügung für die anstehende Reparatur. Im Motel sagte man mir, dass ich in einer Kleinstadt am Samstag wohl kaum eine Werkstatt finden würde, aber man gab mir den Rat, es bei dem in der Nähe gelegenen Reifenhändler zu versuchen.

Am nächsten Tag standen wir um sieben Uhr vor dem Laden des Reifenhändlers, um festzustellen, dass er erst um acht aufmachte. Ich ging spontan zu einer Tankstelle gleich in der Nähe, um nach einer Werkstatt zu fragen, die unsere Klimaanlage in Schwung bringen könnte. Ein junger Mann, der »zufällig« gerade da war, empfahl mir eine Autowerkstatt ein paar Straßen weiter und konnte mir sogar aus dem Gedächtnis die Telefonnummer nennen. Als wir feststellten, dass die Werkstatt geschlossen hatte, fuhren wir zu dem Reifenladen zurück, und ich legte in die unten stehende Formulierung all meine Gefühle.

Wohlwollendste Fügung

Ich bitte um die wohlwollendste Fügung für die Reparatur der Klimaanlage. Danke.

Die Dame im Reifenladen teilte mir mit, dass sie nicht das notwendige Zubehör hätten, und so kramte ich die Telefonnummer der Autowerkstatt heraus, die mir der junge Mann soeben gegeben hatte, und bat sie, dort anzurufen.

Der Werkstattbesitzer persönlich war am Apparat und erklärte, dass er normalerweise samstags nicht arbeite; er wolle sich der Sache aber annehmen, er sei sowieso gerade dabei, einen Wagen zu reparieren. In der Autowerkstatt angekommen, füllte er lediglich das Kühlmittel auf und stellte mir nur ein Drittel des Betrags in Rechnung, den ich in Dallas hätte bezahlen müssen.

Ein positiver Nebeneffekt der ganzen Sache war zudem, dass wir unterdessen nicht nur seine unglaubliche Sammlung alter indianischer Motorräder bestaunen konnten, sondern auch eine Murmelsammlung und Spielzeugautos in Originalverpackung. Der Werkstattbesitzer hatte vor seiner Pensionierung fünfundzwanzig Jahre an der örtlichen Berufsschule Automechanik unterrichtet. Und diese Schätze hätten wir sicherlich nicht zu Gesicht bekommen, wenn nicht die Dame bei ihm angerufen hätte, die ihn kannte – bei einem anderen Anrufer hätte er sicherlich den Auftrag abgelehnt. Und es liegt für mich auf der Hand, dass es kein Zufall war, dass ausgerechnet dieser junge Mann an der Tankstelle war, der uns vorschlug, es bei dieser Werkstatt zu versuchen – mein Schutzengel hatte das arrangiert!

Überbuchte Flüge

Vor vielen Jahren flogen mein Sohn und ich mit seinem Freund Jason und dessen Vater nach Salt Lake City, um von dort zum Yellowstone Nationalpark zu fahren. Da ich wusste, dass unser Heimflug nach Dallas überbucht war, ließ ich uns vier freiwillig aus der Passagierliste streichen, wohl wissend, dass sich die Fluglinie dafür normalerweise mit Freiflügen erkenntlich zeigt. Natürlich bat ich um die wohlwollendste Fügung. Unsere Plätze wurden zwar nicht benötigt, für unser Angebot bekamen wir jedoch zu unser aller Freude vier Sitze in der Business Class. Mein Sohn, sein Freund und dessen Vater waren noch nie Business Class geflogen, und so war dies das Geschenk ihres Lebens.

Karten für ausverkaufte Veranstaltungen

Vor zwei Jahren unternahm ich eine Geschäftsreise nach Sankt Petersburg. Die Firma informierte mich, dass sie mich in einem kleineren Hotel unterbringen müsse, da die größeren Häuser wegen eines Konzerts von Paul McCartney ausgebucht waren. Bei meiner Ankunft äußerte ich den Wunsch, zum Ticketverkauf gebracht zu werden, denn ich hatte nie Gelegenheit gehabt, McCartney live auf der Bühne zu sehen. Es war der Tag vor dem Konzert, meine Chancen, noch eine Eintrittskarte zu ergattern, standen also nicht sonderlich gut. Natürlich sagte ich den folgenden Satz.

> Wohlwollendste Fügung
>
> *Ich bitte um die wohlwollendste Fügung für den Kauf einer Eintrittskarte möglichst nah an der Bühne. Danke.*

Welch ein Zufall – es war noch eine Eintrittskarte übrig, und so saß ich schließlich in Reihe siebenundzwanzig bei einem McCartney-Konzert, das zugleich das erste Konzert war, das vor dem berühmten Eremitage-Museum stattfinden sollte, das ich am Vormittag besichtigt hatte. Eine wirklich tolle Erfahrung!
Als in Dallas die Sport- und Konzerthalle *American Airlines Center* eröffnet wurde, gaben die Eagles dort das erste Konzert. Ich hatte die Band immer sehen wollen, war aber nicht in der Stadt, als die Eintrittskarten verkauft wurden. Ich sagte zu meiner Frau, dass wir die Gelegenheit nutzen sollten, und bat um eine wohlwollendste Fügung für den Kauf von zwei guten Karten. Ich wollte von einem Schwarzhändler oder von jemandem, der noch Tickets übrig hatte, zwei Eintrittskarten ergattern, während meine Frau an der Eingangstreppe auf mich wartete. Obwohl es kaum noch Karten gab und die noch erhältlichen unverschämt teuer waren, wusste ich, dass ich noch zwei Tickets auftreiben würde. Denn mein Vertrauen, dass mein Wunsch nach einer wohlwollendsten Fügung in Erfüllung geht, ist groß. Plötzlich bemerkte

ein Passant, dass ich zwei Finger in die Luft reckte, und sagte mir, er habe gehört, dass am Schalter noch einige Karten übrig seien. Ich bedankte mich, marschierte zu meiner Frau, um mit ihr gemeinsam zwei der vier Restkarten in der achtzehnten Reihe zu kaufen. Ganz offensichtlich hatte mir mein Schutzengel diesen Passanten geschickt, der mir Information über die Tickets hat zukommen lassen. So funktioniert eine Bitte nach einer wohlwollendsten Fügung.

Eines Nachts fuhren zwei Freunde von uns, Bob und Mary, von einem Alanis-Morisette-Konzert nach Hause; sie wohnten knapp fünfzig Kilometer vom Konzertort entfernt. Es war schon spät, und Mary bat um eine wohlwollendste Fügung für ihre Heimfahrt. Als sie durch ein Stoppschild mitten auf der Schnellstraße, fast oben auf einem Berg, zum Halten veranlasst wurden, hörten sie ein lautes Quietschen hinter sich. Unmittelbar hinter ihnen befand sich ein Laster. Der Fahrer stieg auf die Bremsen, und das Fahrzeug brach seitlich aus. Es verfehlte sie nur knapp – »Das war mit Sicherheit die wohlwollendste Fügung«, war Marys Kommentar.

Unmögliches ist machbar

Während sich mein Sohn auf sein Abschlussexamen vorbereitete, konnte er nicht nach Waco fahren, um ein Video einer PowerPoint-Verkaufspräsentation abzugeben. Deshalb fuhren meine Frau und ich die hundertfünfzig

Kilometer zu seinem College, um für ihn diese Aufgabe zu erledigen. Ich bat um die wohlwollendste Fügung für diese Fahrt, hatte aber Befürchtungen für die Rückfahrt, weil wir sicherlich in den Berufsverkehr geraten würden. Als wir uns auf die Rückfahrt machten, sprach meine Frau den unten stehenden Satz.

> Wohlwollendste Fügung
>
> *Ich bitte um die wohlwollendste Fügung, auf unserer Fahrt nur wenig Verkehr zu haben. Danke.*

Ich dachte noch so vor mich hin: »Ja, sicher, dann mal viel Glück – der Verkehr wird sich wohl kaum in Luft auflösen«, und schon brausten wir über die Schnellstraßen der Innenstadt, als wäre es ein verkehrsarmer Mittag. Die Rückfahrt dauerte sogar nicht mal so lange wie die Hinfahrt. Als ich bei meiner anschließenden Meditation darüber nachsann und mich erkundigte, bekam ich Folgendes zu hören: Bei der Bitte um etwas Unmögliches wird jede für uns vorstellbare Lösung bei weitem übertroffen. Die Bitte um etwas Unmögliches ist also durchaus zu empfehlen.
Um eben dies Realität werden zu lassen, sollten Sie Ihren Bitten als Nachsatz folgende Formulierung hinzufügen: *... und die Vorteile sollen meine Vorstellungen und Erwartungen sogar noch übertreffen.* Seien Sie spontan,

wenn Sie diesen Satz ergänzen. Schließlich wollen Sie überrascht werden, wie positiv sich das Ergebnis gestaltet – weitaus besser, als Sie es sich je vorgestellt hatten. Ihr Schutzengel und Ihre Geistführer möchten, dass Sie lachend sagen: »Das hätte ich nie gedacht!«
Nachdem ich lange um (einfache) wohlwollendste Fügung gebeten hatte, habe ich begonnen, den oben stehenden Nachsatz hinzuzufügen, und ich bin bis heute überrascht und manchmal sogar sehr perplex über die Ergebnisse meiner Bitten.
Mein Freund Robert berichtete mir von seiner Bitte: Er wollte seine Freundin Wendy am anderen Ende der Stadt treffen und bat um die wohlwollendste Fügung, pünktlich dort anzukommen. Als er sich mit einem gewaltigen Verkehrsstau auf einem Autobahnkreuz konfrontiert sah, kamen ihm doch leise Zweifel, ob er es rechtzeitig schaffen würde. Er gab Wendy telefonisch Bescheid und es stellte sich heraus, dass sie sich verspätet hatte und noch nicht aus dem Haus gegangen war. Nachdem Robert aufgelegt hatte, hatte er plötzlich die »Eingebung«, von der Straße abzufahren und seine Post abzuholen – er hatte das schon seit zwei Wochen tun wollen, es aber bislang nie geschafft. Und siehe da, als er wieder auf die Stadtautobahn zurückfuhr, war diese nun frei. Robert kam noch vor seiner Freundin Wendy an. Er sagte, das sei ein »Geschenk« gewesen – aber Sie wissen jetzt, dass er auf seinen Schutzengel gehört hat.

Erweiterung des Handlungsspielraums

Einige von Ihnen haben vielleicht Erfahrungen damit, auf einer subjektiven Ebene um ein bestimmtes Ergebnis zu ersuchen, wie beispielsweise die beiden Damen, die mir im Rahmen der Vorstellung meines Konzepts von ihren Erfahrungen berichteten. Joan erzählte mir, dass ihr Freund während ihrer gemeinsamen Alaska-Reise unbedingt einen Bären sehen wollte. Joan richtete also ihre »Bestellung« an den Himmel – und plötzlich tauchte ein Bär unweit des Pfads auf, den sie in den Wald hinein genommen hatten. Lena berichtete von einem Telefonanruf einer Freundin, die eine halbe Stunde von ihr entfernt wohnte und um eine Mitfahrgelegenheit zu einer Veranstaltung bat. Lena hatte nichts dagegen, ihre Freundin abzuholen, fand aber wenig Gefallen daran, nach der Veranstaltung spät nachts außerhalb der Stadt herumzukutschieren, um ihre Freundin wieder zu Hause abzusetzen. Sie wünschte sich, diese Fahrt nicht unternehmen zu müssen. Aus heiterem Himmel rief ein Paar an, das nicht weit entfernt von Lenas Freundin wohnte, und bot an, sie mitzunehmen.

Sowohl Joan als auch Lena meinten, es würde sich bei ihren Bitten um wohlwollendste Fügungen handeln. Doch diese »Anrufungen« geschehen gelegentlich und haben situativen Charakter. Die Bitte um eine wohlwollendste Fügung hingegen ist – so erfuhr ich während meiner Meditation – keine sporadische Aktion. Als innere Haltung, die man dem Leben gegenüber einnimmt, wird die Bitte um eine wohlwollendste Fügung nach und nach zur gewohnheitsmäßigen Handlung, das dem Handeln Struktur verleiht und den eigenen Handlungsspielraum erweitert.

Wie Sie um wohlwollendste Fügung bitten

Die folgende Zusammenfassung soll es Ihnen erleichtern, mit den Bitten um wohlwollendste Fügung sofort zu beginnen.

Da wir in einer physischen Welt leben und Sie sich wünschen, dass eine physische Aktion eintritt, müssen Sie Ihre Bitte um eine wohlwollendste Fügung auch stofflich zum Ausdruck bringen: Bitten um eine wohlwollendste Fügung müssen laut ausgesprochen werden – man kann sie jedoch auch flüstern oder niederschreiben (sie nur zu denken genügt nicht!).

Einfache Schritte bei der Bitte um wohlwollendste Fügung

* Sprechen Sie Ihre Bitte nach einer wohlwollendsten Fügung laut aus, flüstern Sie sie oder notieren Sie die Bitte.
* Beginnen Sie mit einer einfachen Bitte, damit Sie sofort eine Rückmeldung erhalten.

* Formulieren Sie Ihre Bitte ganz konkret.
* Machen Sie es sich zur Gewohnheit, um wohlwollendste Fügung zu bitten.
* Die Bitte wirkt intensiver, wenn Sie all Ihre Gefühle und Leidenschaft hineinlegen.
* Haben Sie keine Angst, um etwas Unmögliches zu bitten.
* Bitten Sie darum, dass das Ergebnis Ihre Vorstellungen sogar noch übertrifft.
* Danken Sie Ihrem Schutzengel, wenn er Ihre Bitte erfüllt hat.

Wenn Sie die positiven Ergebnisse Ihrer Bitten erkennen, müssen Sie Ihrem Schutzengel unbedingt danken. Ich sage dann: »Danke, danke, danke.« Diese drei Dankesbezeugungen äußere ich anderen Menschen gegenüber nicht, sie sind ausschließlich meinem Schutzengel vorbehalten.

4 PRIVATES UMFELD

Wir wollen mit den jungen Erwachsenen beginnen, die im Hinblick auf ihre berufliche Ausbildung vor schwierigen Entscheidungen stehen.

Schritt ins Leben: Schule und dann?

Nehmen wir an, dass Sie eine weiterführende Schule besuchen, kurz vor Ihrem Abschluss stehen und nun mit der Frage konfrontiert sind, was Sie später machen wollen. Möchten Sie studieren? Und wenn ja, wo, an der Universität oder an einer Fachhochschule? Oder möchten Sie erst mal irgendeinen Job machen und sich in Ruhe alle Alternativen durch den Kopf gehen lassen? Und für Jungen stellt sich zudem die Frage: Wollen Sie Militär- oder Zivildienst leisten? Ich schlage Ihnen vor, die folgende Formulierung zu wählen.

Wohlwollendste Fügung

Ich ersuche um die wohlwollendste Fügung bei der Entscheidung, welchen Lebensweg ich einschlagen soll, um mich persönlich weiterentwickeln und ein produktives Leben führen zu können. Danke.

Sie können diesen Wunsch umformulieren, damit er Ihren persönlichen Lebensumständen noch genauer entspricht.
Als Elternteil können Sie mit folgender Formulierung den Wunsch nach einem erfolgreichen Leben zum Ausdruck bringen.

Wohlwollendste Fügung

*Ich bitte um die wohlwollendste Fügung bei meiner Beratung und Unterstützung von _____
[hier den Namen des oder der Betroffenen einfügen], die dann zur Folge hat, dass er/sie sich gut entwickeln kann und zu einem produktiven Mitglied der Gesellschaft wird. Danke.«*

Seien Sie sich jedoch darüber im Klaren, dass Sie und Ihre Kinder meist sehr unterschiedliche Vorstellungen von einem erfolgreichen Leben haben, und lassen Sie Ihren Kindern alle Unterstützung zuteilwerden, selbst wenn sie Ihrer Meinung nach etwas Falsches tun. Aus Fehlern kann man viel lernen, und oft helfen Sie mit dieser Haltung Ihren Kindern, zu reifen und sich schneller zu entwickeln, als dies sonst der Fall wäre.

Eigene vier Wände

Als junger Erwachsener müssen Sie sich irgendwann eine eigene Bleibe suchen, fürs Erste sicherlich ein Apartment oder ein Zimmer, bis Sie sich eine bessere Unterkunft leisten können. In diesem Fall sollten Sie den unten stehenden Satz äußern.

Wohlwollendste Fügung

Ich bitte um die wohlwollendste Fügung bei der Suche nach einer eigenen Bleibe; sie soll bezahlbar sein, außerdem nette Nachbarn haben – und sie soll meine Hoffnungen und Erwartungen sogar noch übertreffen. Danke.

Einen ähnlichen Wunsch können Sie zum Ausdruck bringen, wenn Sie sich mit dem Gedanken tragen, ein Haus zu kaufen. Es bietet sich die unten stehende Formulierung an.

Wohlwollendste Fügung

Ich bitte um die wohlwollendste Fügung beim Finden eines Hauses, das für mich und meine Familie ideal ist, das innerhalb unserer finanziellen Möglichkeiten liegt, das nette Nachbarn bietet und das unsere Hoffnungen und Erwartungen sogar noch übertrifft. Danke.

Und wenn Sie schließlich dieses Haus wieder verkaufen, könnten Sie den unten stehenden Satz äußern.

Wohlwollendste Fügung

Ich bitte um die wohlwollendste Fügung beim Finden eines Maklers, der unser Haus zum besten Preis verkauft, der sich erzielen lässt, und dass das zu unserem Besten ist. Danke.

Wenn Sie ein Haus kaufen, fallen vielleicht einige Renovierungsarbeiten an. Da es meiner Frau großen Spaß macht, Häuser zu renovieren, bittet sie um eine wohlwollendste Fügung beim Finden einer geeigneten Firma, die die beste Arbeit zum günstigsten Preis liefert. Sei es, dass es etwas zu streichen, umzubauen oder zu fliesen gibt oder dass die Heizung, Sanitäranlagen oder Elektroinstallationen in Ordnung gebracht werden müssen.

Haustiere

Wenn Sie sich ein Haustier anschaffen wollen, bietet sich die unten stehende Formulierung an.

> Wohlwollendste Fügung
>
> *Ich bitte um die wohlwollendste Fügung beim Finden eines Haustiers, das für mich/uns genau das richtige ist. Danke.*

Manchmal gehen auch Haustiere verloren. Beispielsweise erkundet unser Hund Sandy gern die Nachbarschaft, sobald wir nachlässig sind und das Gartentor nicht schließen. Eines Tages waren Gärtner gekommen, um unseren Rasen zu mähen. Meine Frau hatte deshalb das Gartentor geöffnet, was ich allerdings nicht bemerkt hatte. Ich ließ

Sandy in den Garten hinaus – und schon war sie wie der Blitz durchs Tor verschwunden. Schnell bat ich um wohlwollendste Fügung, dass der Hund wieder wohlbehalten nach Hause kommen sollte, denn wir wohnten an einer vielbefahrenen vierspurigen Straße. Sandy überquerte diese, ohne in ein Auto zu rennen, und schließlich gelang es mir mit Hilfe des Gärtners, sie wieder einzufangen.
Neulich in der Nacht öffnete sich wie von Zauberhand das an der Rückseite unseres Grundstücks gelegene Tor, das wir soeben repariert hatten. Und wieder war Sandy auf und davon. Wenn sie auf dieser Seite entwischt, macht sie sich normalerweise in eine Straße davon, um einigen benachbarten Jagdhunden guten Tag zu sagen, bevor sie ihren Weg fortsetzt. Ich hatte mich schon damit abgefunden, sie wieder einmal im Dunkeln suchen zu müssen – doch in dem Moment, als ich die Ausfahrt hinunterfuhr, sah ich Sandy im Scheinwerferlicht in der Zufahrt unseres Nachbarn. Ich öffnete die Autotür, und sie sprang herein – es macht ihr zu großen Spaß, eine Spritztour mit dem Auto zu unternehmen!

Fühlen Sie sich frei für alle Bereiche, die Ihr Leben mit einem Haustier betreffen, um die wohlwollendste Fügung zu bitten. Wie Sie sicherlich wissen, können wir viel von unseren Haustieren lernen. Auch deswegen sollten wir sie mit Umsicht behandeln und ihnen alles erdenklich Gute zukommen lassen.

Kauf eines Fahrzeugs

Viele wollen sich ein Auto oder Motorrad kaufen, um zur Arbeit zu kommen. Falls die Bitte um einen fahrbaren Untersatz zu Ihrer ersten Bitte gehört, können Sie den unten stehenden Satz sprechen.

> Wohlwollendste Fügung
>
> *Ich bitte um die wohlwollendste Fügung, im Rahmen meiner finanziellen Möglichkeiten das beste Fahrzeug zu finden, das zugleich im Unterhalt wenig Probleme verursacht, und zwar zu einem Preis, der meine Hoffnungen und Erwartungen sogar noch übertrifft. Danke.*

Sie sollten Ihren Wunsch möglichst allgemein formulieren, denn möglicherweise findet Ihr Schutzengel ein Auto oder Motorrad, das deutlich besser ist als eines, das Sie sich Ihrer Meinung nach leisten können. Wenn Sie mit einem Autohaus oder privaten Verkäufer verhandeln, möchten Sie vielleicht den folgenden Satz formulieren.

Wohlwollendste Fügung

Ich bitte um die wohlwollendste Fügung bei den Verhandlungen um einen Preisnachlass. Danke.

Diese Bitte lässt sich auf jedes Objekt anwenden, das Sie erwerben möchten, ebenfalls auf jede Dienstleistung, sofern keine Preisbindung besteht.

Infrastruktur am Wohnort

Was passiert, wenn Sie umgezogen sind und in Ihrem neuen Wohnort einen Arzt oder Zahnarzt brauchen?
Bitten Sie um die wohlwollendste Fügung, einen Arzt oder Zahnarzt zu finden, der Ihren Bedürfnissen am besten entspricht. Sie können in Ihrer Bitte Ihre individuellen Lebensumstände und Bedürfnisse berücksichtigen.
Für alle Eltern und Erziehungsberechtigte ist die Schule ein wichtiges Thema. Vom Kindergarten bis zur weiterführenden Schule gestalten Sie die Ausbildung Ihrer Kinder aktiv mit, indem Sie dafür sorgen, dass Ihren Sprösslingen die bestmögliche Ausbildung zuteilwird.
Bitten Sie also um die wohlwollendste Fügung bei der Auswahl des Kindergartens und auch später der Schule, oder wenn Sie beispielsweise im Rahmen von Schul-

veranstaltungen mit den Lehrern Ihrer Kinder zusammenkommen. Meine Frau und ich haben vor dem Elternsprechtag immer um eine wohlwollendste Fügung gebeten, und es ist uns stets gelungen, zu einer Übereinkunft zu gelangen, die im besten Interesse unserer Kinder war. Auch im Hinblick auf die schulischen Aktivitäten Ihrer Sprösslinge – heutzutage gibt es ein unglaubliches Angebot an sportlichen, musischen, politischen und künstlerischen Arbeitsgruppen – können Sie jedes Mal, wenn Sie an einem der Treffen teilnehmen oder selbst mit den Kindern arbeiten, um die wohlwollendste Fügung bitten.

Nehmen Sie als Schüler oder Schülerin an solchen Arbeitsgruppen teil und fühlen Sie sich einer Wettbewerbssituation ausgesetzt, können Sie um die wohlwollendste Fügung bitten, damit Sie Ihr Bestes geben und dabei ganz entspannt bleiben. Natürlich können Sie mit dem unten stehenden Satz auch um die wohlwollendste Fügung bitten, wenn Sie eine Prüfung ablegen müssen.

Wohlwollendste Fügung

Ich bitte um die wohlwollendste Fügung, mich bei meiner Prüfung an alles erinnern zu können, was ich gelernt habe, und das Examen ganz entspannt und voller Zuversicht zu meistern. Danke.

Ein Schulwechsel stellt für viele Schüler eine Stresssituation dar. Um dem vorzubeugen, können Sie den unten stehenden Satz formulieren.

> Wohlwollendste Fügung
>
> *Ich bitte um die wohlwollendste Fügung, ehrliche und nette Klassenkameraden kennenzulernen, die zu wahren Freunden werden. Danke.*

Sportliche Aktivitäten

Moderate sportliche Betätigung sollte integraler Bestandteil des Lebens sein, da sie Gesundheit, Fitness und Lebensfreude garantiert. Wie bereits erwähnt, ist Skifahren eine Sportart, die ich schon seit langem begeistert ausübe, nicht zuletzt deswegen habe ich als erstes Unternehmen besagten Skiclub für Singles gegründet. Verletzt habe ich mich selten beim Skifahren, die schlimmste Verletzung war eine Schulterprellung, die ich mir am ersten Tag der Skisaison zuzog. Und das, wo ich auf der Reise dreihundert Teilnehmer betreuen sollte! Während der kommenden Tage ereigneten sich auf unseren Busfahrten in die Berge einige Notfälle, die auf das Konto betrunkener Fahrer gingen. Denken Sie also daran, dass Sie auch die Fahrten ins Skigebiet in Ihre Bitten einbeziehen. Bitten

Sie um eine wohlwollendste Fügung für Ihre Fahrt in ein Skigebiet und wieder zurück, und äußern Sie jedes Mal, wenn Sie zum Skifahren gehen, den unten stehenden Satz.

> Wohlwollendste Fügung
>
> *Ich bitte um die wohlwollendste Fügung beim Skifahren [oder: beim Snowboardfahren] heute und dass ich Spaß habe und mir nichts passiert.*
> *Danke.*

Tauchen ist eine tolle Sportart, die uns eine neue Welt mit herrlichen Pflanzen, Riffen und einer unvorstellbaren Anzahl an Fischarten eröffnet. Während meiner Zeit als Reiseveranstalter organisierten wir Ausflüge zu den in der Karibik gelegenen Cayman-Inseln. Sicherlich haben Sie schon Berichte über Tauchsportler gelesen, die zu schnell wieder aufgetaucht sind und Dekompressionsprobleme bekommen haben. Es kommt auch vor, dass Taucher in Höhlen oder Schiffswracks verunglückten. Tauchen kann also durchaus gefährlich werden. Ich lege Ihnen deshalb nahe, täglich den folgenden Satz auszusprechen.

> ### Wohlwollendste Fügung
>
> *Ich bitte heute um die wohlwollendste Fügung*
> *hinsichtlich meiner Sicherheit beim Tauchen.*
> *Danke.*

Wohlwollendste Fügungen lassen sich natürlich auf alle Sportarten anwenden, sei es auf Fußball, Volleyball, in der Leichtathletik, beim Schwimmen. Bitten Sie jedes Mal, wenn Sie in Ihrer Sportart trainieren, und bei jedem Spiel um eine wohlwollendste Fügung.

Nichtauffindbares und Verlorenes wiederfinden

Immer wenn wir zu Hause etwas verlegt haben, können wir um das hilfreiche Ergebnis bitten, diesen Gegenstand wiederzufinden – und er taucht immer auf.
Zwei unserer Freunde, Don und Karen, sind unlängst nach San Diego gezogen. Bekanntlich hat man bei einem Umzug jede Menge Kisten und man kann sich kaum erinnern, was in welcher Kiste ist. So ging es Karen mit den Umzugskisten in ihrer Garage. Sie benötigte wichtige Unterlagen für die Bank, wusste aber nicht mehr, in welchem Karton sie waren. Nachdem sie um eine wohlwollendste Fügung zum Auffinden der richtigen Kiste gebeten hatte, kamen die Unterlagen zum Vor-

schein. Sie lagen in der ersten Kiste, die Karen öffnete, obenauf.

Neulich brauchten wir den Garantieschein für die Reparatur unserer Digitalkamera. Meine Tochter und meine Frau durchsuchten die Schachtel, in der wir normalerweise solche Dokumente aufheben, konnten den Schein jedoch nicht finden. Wir suchten wie verrückt herum, zumal auch das Fotogeschäft behauptete, uns nicht in der Kundenkartei zu haben. Schließlich sagte meine Tochter folgenden Satz.

> Wohlwollendste Fügung
>
> *Ich bitte um die wohlwollendste Fügung beim schnellen Finden des Garantiescheins für die Kamera. Danke.*

Dann schaute sie die gleiche Schachtel noch einmal durch. Und da lag der Garantieschein, bloß ein bisschen versteckt!

Terry hatte einen Flohmarkt besucht, zu Hause angekommen dachte sie, sie habe ihre Brieftasche dort verloren, und ging zurück, wobei sie um die wohlwollendste Fügung bat, ihre Brieftasche wiederzufinden. Ein positives Ereignis trat sofort ein: Sie entdeckte etwas, das sie zuvor beim Herumbummeln überhaupt nicht gesehen hatte. Die

Brieftasche fand sie später zu Hause zwischen den Sofakissen. »Es war einfach unglaublich«, meinte sie.

Meine Familie schaute sich vor einiger Zeit im Kino den ersten Harry-Potter-Film an, und als wir wieder nach Hause kamen, stellte ich fest, dass mein Ehering nicht mehr am Finger steckte. Da ich bereits meinen ersten Ehering verloren hatte, war ich nicht gerade glücklich bei dem Gedanken, mir schon wieder einen kaufen zu müssen. Ich suchte überall, auf der Küchentheke und am Boden, doch er war nicht zu finden, und ich ging schließlich davon aus, den Ring im Kino verloren zu haben. Schließlich rief ich den Kinobetreiber an, um ihn zu bitten nachzuschauen. Es kam kein Rückruf.
Ich fand, es war an der Zeit, um eine wohlwollendste Fügung zu bitten – was ich eigentlich schon längst hätte tun sollen –, um den Ring wiederzufinden. Das Wichtige dabei war, dass ich den Stress *losließ*, den ich wegen des Verlusts empfunden hatte. Unmittelbar nachdem ich die Bitte formuliert hatte, ging meine Frau ins Obergeschoss und entdeckte den Ring neben dem Handwaschbecken. Er war mir vor dem Kinobesuch unbemerkt vom Finger gerutscht, als ich mir in aller Eile noch schnell die Hände gewaschen hatte.

Eltern oder Erziehungsberechtigte laufen häufig Gefahr, beim Einkaufen oder bei Ausflügen ihre Kinder zu verlieren. Bevor Sie panisch werden, halten Sie inne und sagen Sie sofort den folgenden Satz.

> Wohlwollendste Fügung
>
> *Ich bitte um die wohlwollendste Fügung, dass mein Kind wohlbehalten und sicher zu mir zurückkommt! Danke.*

Krankenhausaufenthalt

Eine Operation ist ein wahrlich günstiger Zeitpunkt, eine wohlwollendste Fügung zu erbitten. Vor einigen Jahren musste ich mich wegen eines Knorpelschadens am Knie operieren lassen, später sollte eine weitere Operation folgen, um einen Leistenbruch zu beheben. Indem ich um die wohlwollendste Fügung bei den Operationen bat, konnte ich den ganzen Stress und meine Sorgen hinter mir lassen. Ich erinnere mich noch, dass ich kurz vor der Narkose dem Chirurgen und den Schwestern einen schönen und überaus erfolgreichen und angenehmen Tag gewünscht habe.

Computerviren

Hier nun eine Gefahr, vor der heutzutage viele Menschen Angst haben: Computerviren. Sie können mit folgenden Worten um Schutz bitten.

> ### Wohlwollendste Fügung
>
> *Ich ersuche um das bestmögliche wohlwollende Resultat, damit meine Festplatte und alle meine Programme sicher vor Schädigung und Korruption durch andere sind. Danke.*

5 BERUFLICHES UMFELD

Bei den meisten Menschen hat das Arbeitsleben einen sehr großen Stellenwert, nimmt es doch etwa ein Drittel der Lebenszeit in Anspruch. Und es gibt diesbezüglich ganz spezielle Situationen, die von einer größeren Anspannung begleitet sind: die Bewerbungen. Falls Sie also auf Jobsuche sind, haben Sie sicherlich zahlreiche Bücher gelesen, die Sie darüber informieren, wie Sie sich angemessen bewerben, Ihren Lebenslauf wirkungsvoll präsentieren und sich für das Vorstellungsgespräch kleiden.

Vorstellungsgespräch

Wenn Sie mit potenziellen Arbeitgebern Kontakt aufnehmen, könnten Sie die unten stehende Formulierung wählen.

Wohlwollendste Fügung

Ich bitte um die wohlwollendste Fügung, für die ideale Position eingestellt zu werden, die meiner Entwicklung förderlich ist und meinen Fähigkeiten entspricht. Danke.

Und wenn Sie bei Firmen anrufen und um ein Vorstellungsgespräch bitten, sprechen Sie den unten stehenden Satz.

> **Wohlwollendste Fügung**
>
> *Ich bitte um die wohlwollendste Fügung, von dieser Firma zu einem Vorstellungsgespräch eingeladen zu werden. Danke.*

Wenn Sie zu dem Vorstellungsgespräch gehen, liegt folgende Formulierung nahe.

> **Wohlwollendste Fügung**
>
> *Ich bitte um die wohlwollendste Fügung für den Verlauf dieses Vorstellungsgesprächs. Danke.*

Bedenken Sie, dass Sie mit wohlwollendster Fügung um einen perfekten Job für sich selbst gebeten haben. Sollten Sie abgelehnt werden, wartet der perfekte Job anderswo auf Sie. Vielleicht muss zuvor noch jemand kündigen. Ihr Schutzengel hält Sie auf dem Laufenden, wann genau das der Fall sein wird.

Meine Tochter arbeitete seit dreieinhalb Jahren für eine renommierte Fluglinie. Wie in solch einem Job üblich, können sich Angestellte bereits nach einem Jahr auf eine andere Stelle in der Firma bewerben. Dies tat auch meine Tochter, sie bewarb sich sogar auf drei Stellen, doch immer bekam ein Vorgesetzter den Posten. Schließlich wurde sie auf einen Job in der Kundenbetreuung befördert, um den lieben langen Tag Beschwerden entgegenzunehmen. Meine Tochter hätte am liebsten alles hingeschmissen. Aber wie Sie gleich erfahren werden, war auch dies eine wohlwollendste Fügung. Da unser Unternehmen im gleichen Zeitraum einen enormen Aufschwung genommen hatte, benötigten wir dringend jemanden und stellten unsere Tochter als Vollzeitkraft ein. Wir bezahlten ihr dasselbe Gehalt, das sie bekommen hatte, als sie ganztägig für die Fluglinie tätig war und nebenbei noch als Teilzeitkraft für uns. Diese Lösung war für sie nicht nur finanziell von Vorteil, sondern ließ ihr auch ausreichend Zeit, ihre eigene Geschäftsidee zu verfolgen.

Einstellen eines Mitarbeiters

Als Arbeitgeber möchten Sie jemanden einstellen, der zum Erfolg und zur Expansion Ihres Unternehmens beiträgt. Sprechen Sie folgenden Satz.

> **Wohlwollendste Fügung**
>
> *Ich bitte um die wohlwollendste Fügung beim Einstellen eines Mitarbeiters, der perfekt für diese Position und in mein Unternehmen passt. Danke.*

Wenn Sie eine Stellenanzeige aufgeben, bietet sich folgende Formulierung an.

> **Wohlwollendste Fügung**
>
> *Ich bitte um die wohlwollendste Fügung, dass diese Stellenanzeige eine Person erreicht, die sich perfekt für diesen Posten eignet. Danke.*

Danach wird Folgendes passieren: Ihr Schutzengel gleicht Ihre Bitte mit den Wünschen potenzieller Bewerber ab, um sicherzustellen, dass die perfekte Person Ihr Stellenangebot in der Zeitung oder im Internet liest. Wenn Sie mit den Bewerbern Vorstellungsgespräche führen, lassen Sie sich von Ihrer Intuition leiten und hören Sie auf Ihren Schutzengel. Sie werden ganz deutlich spüren, welcher Kandidat der richtige ist.

Neuer Arbeitsplatz

Wer eine neue Stelle antritt, fühlt sich oft gestresst, weil er sich integrieren und mit neuen Kollegen auskommen muss. Bevor Sie zum ersten Mal an Ihren neuen Arbeitsplatz gehen, könnten Sie die unten stehende Formulierung wählen.

> Wohlwollendste Fügung
>
> *Ich bitte um die wohlwollendste Fügung für meinen ersten Arbeitstag; die Arbeit soll mir Spaß machen und die Zusammenarbeit mit meinen neuen Kollegen soll mir keine Probleme bereiten. Danke.*

Natürlich können Sie diesen Wunsch Ihren eigenen Lebensumständen entsprechend umformulieren.

Unterschiedliche Geschäftsbereiche

Der Verkauf ist ein Geschäftsbereich, von dem ich viel verstehe. Bereits in jungen Jahren, während ich meine erste Firma als Reiseveranstalter aufzog, war ich in allen Sparten als Verkäufer tätig. Ich verkaufte auf der Straße Messer und Schlüssel, außerdem Inkasso-Modelle, Stadthäuser, Töpfe und Tiegel, Versicherungen und sogar Zeitungsanzeigen. Bei jedem Job lernte ich etwas Neues dazu. Wenn Sie einem künftigen Kunden etwas präsentieren, sprechen Sie zuvor folgenden Satz.

> **Wohlwollendste Fügung**
>
> *Ich bitte um die wohlwollendste Fügung bei der bevorstehenden Präsentation beziehungsweise bei dem Termin mit meinem künftigen Kunden.*
> *Danke.*

Handelt es sich um eine Besprechung mit weitreichenden Konsequenzen für Ihr Unternehmen, können Sie Ihren Wunsch nach einem positiven Ergebnis im Nachsatz zum Ausdruck bringen: »… und das Ergebnis soll meine Hoffnungen und Erwartungen sogar noch übertreffen.« Wie bereits erwähnt, lässt sich eine derartige Ergänzung bei allen Bitten fast immer im Nachhinein spontan hinzufügen. Sie können als Vertreter telefonisch potenzielle Käufer gewinnen oder indem Sie Ihre Kunden persönlich besuchen. Wenn Sie in einem Großraumbüro sitzen und ein Produkt oder eine Dienstleistung telefonisch zu verkaufen versuchen, können Sie allmorgendlich um die wohlwollendste Fügung bitten, in Kontakt mit denjenigen Menschen zu kommen, die etwas von Ihnen erwerben wollen. Falls Sie als Vertreter tagtäglich unangemeldet Geschäften oder Privathaushalten einen Besuch abstatten, haben Sie eine ähnliche Situation: Bitten Sie jeden Tag um die wohlwollendste Fügung, dass Sie auf genau die Menschen treffen, die Ihnen etwas abkaufen wollen. Ganz gleich, ob Sie als Versicherungsvertreter von Ihrem Unternehmen Direktiven bekommen, als Makler für einen Händler Autos verkaufen oder als Verkäufer auf Provisionsbasis arbeiten – in jedem Fall bietet sich die unten stehende Formulierung an.

> Wohlwollendste Fügung
>
> *Ich bitte um die wohlwollendste Fügung, auf Leute zu treffen, die mir heute etwas abkaufen wollen.*
> *Danke.*

Sie werden feststellen, dass Ihr Umsatz deutlich steigen wird. Falls Sie spezielle persönliche Dinge in der Bitte berücksichtigt haben möchten, scheuen Sie sich nicht, diese in die Formulierung aufzunehmen.

Als ich die erste Fassung dieses Buches fertig hatte, sollten Freunde Korrekturen und Vorschläge anbringen. Meine Freundin Gill in New York, der ich das Manuskript zuschickte, war die Einzige, die bis zu diesem Zeitpunkt nichts von der Sache mit der wohlwollendsten Fügung wusste. Als ich mit ihr darüber sprach, schlug ich Gill vor, doch mal als erste wohlwollendste Fügung darum zu bitten, dass ihr Mann, der Makler war, Angebote und Käufer findet.

Am ersten Morgen, nachdem Gill ihre Bitte formuliert hatte, suchte ihr Mann eine Kundin wegen eines Angebots auf. Diese wollte wissen, ob ihr Haus einen vielversprechenden Eindruck mache, und er antwortete: »Nein, aber ich bringe es in jedem Fall an den Mann.«

Gill hatte an jenem Morgen ihrem Mann gegenüber nichts von ihrer Bitte erwähnt, am Nachmittag erzählte sie jedoch ihren beiden Kindern davon. Als später ihr Mann nach Hause kam, hatte er eine tolle Geschichte auf Lager: »Also, ihr werdet es kaum glauben! Ich habe nicht nur den Zuschlag für das Angebot bekommen, sondern es ist auch schon ein Kaufinteressent zu mir ins Büro gekommen!« Gill sagte, dies sei wirklich »außergewöhnlich«.

Eine Präsentation in der eigenen Firma kann zum Stressfaktor werden, wenn sie sich an die höhere Führungsebene richtet. In so einem Fall können Sie den folgenden Satz aussprechen.

> **Wohlwollendste Fügung**
>
> *Ich bitte um die wohlwollendste Fügung für meine Präsentation, und sie soll noch überzeugender sein, als ich es mir erhoffe oder erwarte. Danke.*

Sie werden die Erfahrung machen, dass Sie deutlich weniger gestresst sind, denn Sie trauen sich zu, bei der Präsentation auch wirklich Ihr Bestes zu geben.

Sind Sie in der Forschung und Entwicklung oder in der Produktion tätig, haben Sie möglicherweise den Wunsch, jeden Tag Folgendes zu formulieren.

> **Wohlwollendste Fügung**
>
> *Ich bitte um die wohlwollendste Fügung, neue Produkte und Nutzungsmöglichkeiten für unsere Produkte zu finden, die für mich und meine Firma von Vorteil sind. Danke.*

Auch in diesem Fall können Sie den Wunsch an Ihre eigenen Bedürfnisse anpassen.

Sind Sie für ein gemeinnütziges Unternehmen tätig, das Gelder für wohltätige Zwecke sammelt, sollten Sie jeden Tag den unten stehenden Satz sagen.

> Wohlwollendste Fügung
>
> *Ich bitte um die wohlwollendste Fügung, mit Einzelpersonen oder Unternehmen zusammenzukommen, die auf unser Spendengesuch positiv reagieren. Danke.*

Als Manager oder Firmenchef vervielfacht sich Ihre Verantwortung. Sie haben sowohl die Verantwortung für ein gutes Betriebsergebnis als auch für Ihre Mitarbeiter. Bei einer Konferenz mit Ihren Managern, Abteilungsleitern und Angestellten sollten Sie als wohlwollendste Fügung um eine konstruktive Zusammenkunft bitten, die einen Weg aufzeigt, wie das Unternehmen weiter auf Erfolgskurs gehalten wird. Und natürlich sollten Sie auch bei Terminen mit Klienten, Anwälten und Behörden stets um die wohlwollendste Fügung bitten.

Probleme am Arbeitsplatz

Sollte sich die Zusammenarbeit mit einem Kollegen schwierig gestalten, können Sie immer um eine wohlwollendste Fügung bitten, sobald Sie gemeinsam an einem Projekt arbeiten müssen. Falls Sie eine ganztägige Zusammenkunft vor sich haben, sollten Sie die Bitte gleich morgens formulieren, damit alles klappt und reibungslos verläuft.

Natürlich gibt es auch unangenehme Kollegen, vielleicht sind Sie auch sexuellen Belästigungen verbaler und handgreiflicher Art ausgesetzt. In solch einem Fall müssen Sie die Situation mit Ihrem Vorgesetzten besprechen, denn niemand hat das Recht, Sie sexuell despektierlich zu behandeln! Bevor Sie das Gespräch mit Ihrem Vorgesetzten suchen, können Sie Folgendes äußern.

Wohlwollendste Fügung

Ich bitte um die wohlwollendste Fügung, dass meine Besprechung mit _____ [Ihr Vorgesetzter] Erfolg zeigt. Danke.

Hin- und Rückweg zur Arbeit

Viele Menschen meinen, dass es nicht sonderlich gefährlich ist, in die Großstadt zur Arbeit zu fahren. Doch Pendler, die die Aggression im Straßenverkehr und Massenunfälle erlebt haben, sind da ganz anderer Meinung.

Vor einigen Jahren reiste ich nach Cannes zu einer Fernsehmesse und nahm mir am Flughafen von Nizza einen Mietwagen. Ich bat um eine wohlwollendste Fügung für die 25-Minuten-Fahrt auf einer sechsspurigen Mautstraße. Zehn Minuten später, als mich ein kleines Auto mit viel zu hohem Tempo überholte, war ich überaus froh darüber. Der Fahrer verlor dreihundert Meter weiter die Kontrolle über seinen Wagen, rammte die Leitplanke und wurde auf die Autobahn geschleudert, wo er quer über zwei Fahrspuren kippte. Wäre ich fünf Sekunden früher dort angekommen, wäre ich in den schrecklichen Unfall verwickelt worden.

Für Pendler, die mit öffentlichen Verkehrsmitteln zur Arbeit fahren, empfiehlt es sich morgens und nach der Arbeit auf dem Weg zum Bahnhof oder zur Haltestelle den unten stehenden Satz zu sagen.

Wohlwollendste Fügung

Ich bitte um die wohlwollendste Fügung, sicher in die Arbeit [oder: nach Hause] zu kommen. Danke.

Damit reduzieren Sie den Faktor Angst auf ein Minimum, denn Sie wissen, dass Sie außen vor sind, falls ein gravierendes Problem auftritt.

6 SELBSTÄNDIGE BERUFLICHE TÄTIGKEIT

Wer ein Kleinunternehmen besitzt mit bis zu zwanzig Angestellten, ist Chefkoch und Tellerwäscher zugleich. Ganz gleich, ob es sich um ein kleines Einzelhandelsgeschäft handelt, um einen Gemischtwarenladen, eine Baufirma oder um ein Dienstleistungsunternehmen, es gibt unzählige Vorkommnisse, für die Sie um eine wohlwollendste Fügung bitten können. Sprechen Sie eine Bitte aus, wenn Sie ein neues Geschäft abschließen, Verträge aushandeln, die besten Mitarbeiter einstellen wollen, mit Rechtsanwälten zusammenarbeiten, das Formular für die Steuererklärung ausfüllen müssen – um nur einige Situationen zu nennen.

Geeignete Mitarbeiter finden

In einem großen Unternehmen ist es wichtig, die richtigen Mitarbeiter einzustellen, bei einer kleinen Firma kann das Finden der richtigen Arbeitskraft sogar existenziellen Charakter bekommen. Damit ich den geeignetsten Kandidaten in meinem Unternehmen einstelle, bitte ich immer um die wohlwollendste Fügung.
Vermutlich erübrigt es sich, Sie daran zu erinnern, dass

Sie Ihre Angestellten mit Respekt behandeln und ihnen einen angemessenen Lohn bezahlen sollten.

Akquise neuer Kunden

Billy und Josephine, zwei Freunde, haben ein renommiertes Baugeschäft mit Malerbetrieb. Als es dieser Branche vor ein paar Jahren wirtschaftlich sehr schlechtging, mussten die beiden eine harte Zeit durchstehen. Billy war es nicht gewohnt, um eine wohlwollendste Fügung zu bitten, aber seine Frau Jo und ich baten um einen baldigen Aufschwung. Innerhalb eines Monats hatten sie einen riesigen Malerauftrag akquiriert: Die Arbeit an dem zweitausend Quadratmeter großen Haus sollte über ein Jahr in Anspruch nehmen.
Müssen Sie einem potenziellen neuen Kunden einen Kostenvoranschlag unterbreiten, wählen Sie folgende Formulierung.

Wohlwollendste Fügung

Ich bitte um die wohlwollendste Fügung, wenn ich mit dieser Firma ins Geschäft komme. Danke.

Sie können diese Aussage den Umständen entsprechend verändern. Und Sie können spontan auch hinzufügen:

»... und das Ergebnis soll meine Erwartungen und Vorstellungen sogar noch übertreffen.« Ich sage bei der Akquise neuer Kunden in meinen Bitten immer etwas in dieser Art. Wenn das Geschäft nicht zustande kommt, weiß ich inzwischen, dass ich mit diesem potenziellen Klienten mehr Probleme bekommen hätte, als es die Sache wert gewesen wäre – oder es wartet etwas erheblich Besseres auf mich.

Vertragsverhandlungen

Wenn ich einen Vertrag aushandle, äußere ich immer Folgendes.

> **Wohlwollendste Fügung**
>
> *Ich bitte um die wohlwollendste Fügung in Form einer hervorragenden Vertragsgestaltung zugunsten meiner Firma. Danke.*

Diese Formulierung gibt mir die Gewissheit, dass ich die besten Bedingungen bekomme, die sich aushandeln lassen.
Seien Sie aufmerksam und versuchen Sie, auf Botschaften und Einsichten Ihres Schutzengels zu hören. Haben Sie bei einem Vertrag ein ungutes Gefühl, sollten Sie nicht

darüber hinweggehen. Treten Sie von dem Vertrag zurück, wenn Ihre Intuition Ihnen das rät.

Sicherheitsmaßnahmen

Als Einzelhandelsunternehmer wissen Sie, dass Ladendiebstahl Ihren Gewinn verringern kann. Es lohnt sich deshalb, täglich Folgendes zu sagen.

> **Wohlwollendste Fügung**
>
> *Ich bitte um die wohlwollendste Fügung für die Sicherheit meines Ladens und meiner Angestellten, und meine Waren sollen vor Ladendiebstahl sicher sein. Danke.*

Es kann sein, dass genau in dem Augenblick, in dem ein Ladendieb etwas mitgehen lassen möchte, jemand vom diensthabenden Wachpersonal vorbei- oder ein Polizist hereinkommt und den Diebstahl vereitelt. Wenn Sie jeden Tag um eine wohlwollendste Fügung bitten, werden Sie in Erfahrung bringen, wie die Diebstahldelikte zurückgehen.

Sind Sie Bauunternehmer, ist das Thema Sicherheit für Sie von großer Bedeutung, denn Arbeitsunfälle sind ausgesprochen teuer, weil Ihnen eine Arbeitskraft verlorengeht, Arbeitsstunden nicht in Rechnung gestellt werden können und Versicherungskosten bezahlt werden müssen. Ich lege Ihnen also nahe, jeden Tag den unten stehenden Satz zu sagen.

> Wohlwollendste Fügung
>
> *Ich bitte heute um die wohlwollendste Fügung hinsichtlich meiner eigenen Sicherheit und der meiner Angestellten, außerdem soll unsere Arbeit überaus produktiv sein. Danke.*

Vergessen Sie auch nicht, jedes Mal um die wohlwollendste Fügung zu bitten, wenn Sie mit Ihren Angestellten zu Ihrem Einsatzort fahren und wieder zurück.

Geschäftsbeziehungen

Erwerben Sie regelmäßig Waren von einem Händler, dann ist folgende Formulierung zu empfehlen.

> **Wohlwollendste Fügung**
>
> *Ich bitte um die wohlwollendste Fügung, von meinen Händlern die besten Preise zu bekommen, die beste Qualität und die besten Bedingungen. Danke.*

Ein Ergebnis dieser Bitte kann auch sein, dass Ihnen Ihre Händler plötzlich günstigere Konditionen anbieten als zuvor, obwohl Sie gar nicht darum gebeten haben.

Finanzierung und Kredite

Als Inhaber eines Kleinbetriebs müssen Sie sicherlich ab und zu Finanzierungsmöglichkeiten finden, damit Sie weiter expandieren oder Ihre Kurzkredite abbezahlen können. Sie brauchen also gegebenenfalls eine Bankfinanzierung oder Investoren. Haben Sie einen Termin bei einem Banker, sollten Sie zuvor den folgenden Satz sprechen.

> ### Wohlwollendste Fügung
>
> *Ich bitte um die wohlwollendste Fügung, die beste Finanzierung zu den günstigsten Konditionen zu bekommen. Danke.*

Erhalten Sie nicht den gewünschten Kredit von der Bank, wartet sicherlich eine andere, noch günstigere Finanzierungsmöglichkeit auf Sie.

Haben Sie einen Termin mit Investoren, wählen Sie folgende Formulierung.

> ### Wohlwollendste Fügung
>
> *Ich bitte um die wohlwollendste Fügung, meinen Geschäftsplan so präsentieren zu können, dass er bei meinen Investoren auf Interesse stößt; und das Ergebnis soll meine Hoffnungen und Erwartungen sogar noch übertreffen. Danke.*

Vermutlich werden Sie über die Angebote angenehm überrascht sein. Dennoch müssen Sie auch bereit sein, eine berechtigte Ablehnung hinzunehmen: Die Investoren benötigen vielleicht weitere Informationen, bevor sie einsteigen, oder die unterbreiteten Vorschläge passen schlichtweg nicht zum Portfolio. Welche Gründe auch dahinterstecken mögen, Ihr Schutzengel verfügt über erheblich mehr Weitblick als Sie. Seien Sie also zufrieden und geben Sie die Hoffnung nicht auf.

Mehrere Jahre lang habe ich versucht, diverse »Komplettangebote« für meine Filme zusammenzustellen. Ich reiste nach Paris, Cannes, Budapest, Prag und Sankt Petersburg, ich erstellte Geschäfts- und Finanzierungspläne, schrieb Exposés und sogar den Großteil eines Drehbuchs, doch nichts wollte klappen – obwohl ich die ganze Zeit über um die wohlwollendste Fügung gebeten hatte. Aber ich hatte Geduld, denn schließlich wusste ich, dass das Konzept der hilfreichen Ergebnisse perfekt funktioniert – nur schien es sich unendlich lang hinzuziehen.

Als ich die Idee zu diesem Buch hatte, fragte ich während einer Meditation, weshalb ich keinen Erfolg beim Zusammenstellen dieser Filmpakete gehabt hatte, und bekam folgende Informationen: Die Filme hätten mich von meinem bisherigen Weg abgebracht, und ich wäre nicht – wie geschehen – eines Tages aufgewacht, voller Inspiration und Überzeugung, dieses Buch schreiben zu wollen. Mir wurde auch vermittelt, dass dieses Buch und alle folgenden viel wichtiger sein würden als jeder Film.
Haben Sie also Geduld. Ihr Schutzengel arbeitet daran, die Ereignisse so zu arrangieren, wie sie für Sie am besten sind!

Steuerberater und Rechtsanwälte

Eine befreundete Pferdetrainerin und Therapeutin bat immer um eine wohlwollendste Fügung für ihre Arbeit. In regelmäßigen Abständen berichtet sie mir von ihren Erfolgen. Vor einer Weile schrieb sie mir, dass sie nach der Ausarbeitung ihrer Steuererklärung einen neuen Steuerberater aufgesucht hätte. Dieser stellte nach Durchsicht der Unterlagen fest, dass sie eine beträchtliche Rückerstattung erwarten konnten: Die Summe überstieg sogar den Betrag der noch zu tätigenden Steuervorauszahlungen bei weitem.

Als Kleinunternehmer sollten Sie hin und wieder die Dienste eines Anwalts in Anspruch nehmen. Ob es sich um Verträge mit Investoren, Zulieferern, Klienten oder um ganz normale Belange handelt – ein guter Anwalt ist für ein gesundes Unternehmen wichtig. Bei der Wahl des richtigen Rechtsanwalts können Sie den unten stehenden Satz sagen.

Wohlwollendste Fügung

Ich bitte um die wohlwollendste Fügung, für mein Unternehmen den richtigen Anwalt zu wählen, der mir seine Dienstleistungen auch korrekt in Rechnung stellt. Danke.

Manchmal benötigen Sie einen Rechtsanwalt, wenn Sie eine Streitigkeit nicht selbst beilegen können. Da ich mir bei jeder Unstimmigkeit mit meinen Klienten eine wohlwollendste Fügung wünsche, benötige ich inzwischen kaum noch einen – vor etwa viereinhalb Jahren habe ich zum letzten Mal anwaltliche Hilfe in Anspruch genommen.

Ich hatte einen kleinen Fernsehsender angeheuert, der entgegen der vertraglichen Verpflichtungen bestimmte Dinge nicht ausführte. Der Sender wurde verklagt – und ich mit ihm, außerdem ein weiterer Filmverleih.

Als mir die Prozessunterlagen zugestellt wurden, bat ich sofort um eine wohlwollendste Fügung: Denn wie jeder weiß, der je in einen Zivilprozess verwickelt war, sind sehr viele Gegendarstellungen einzureichen. Da ich mit meiner Firma im Jahr nach dem 11. September schwere Zeiten durchzustehen hatte, konnte ich mir damals keinen teuren Anwalt leisten. Ich nahm deshalb für den mehrere Monate dauernden Prozess die kostengünstigere Hilfe eines alten Highschool-Freundes in Anspruch, der in einem anderen Bundesstaat als Anwalt tätig ist. Doch die Gegenseite war damit nicht einverstanden und drohte mir, vor Gericht zu gehen, wenn ich mir keinen offiziellen Rechtsbeistand nehmen würde. Da der Prozess in Houston stattfand, wollte ich keinen Anwalt aus Dallas engagieren und für seine Reisekosten und seinen Verdienstausfall aufkommen.

Ich bat um eine wohlwollendste Fügung beim Finden eines ortsansässigen Anwalts, und zwar zu einem ange-

messenen Honorar. Am nächsten Tag, als ich den Müll hinaustrug, war mein Nachbar gerade vor der Tür. Da ich wusste, dass er Anwalt war, fragte ich ihn, ob er mir in Houston einen Kollegen empfehlen könnte. Er bejahte, sein Neffe habe dort eine Kanzlei!
Nachdem mein neuer Anwalt sich in die Akten eingearbeitet und erste Gespräche geführt hatte, kamen alle beteiligten Parteien zu der Übereinkunft, mit den Klägern und dem Sender einen außergerichtlichen Vergleich anzustreben. Der Chef meines Anwalts, »zufällig« einer der Topanwälte in Texas, war auch zugegen. Natürlich legte ich all meine Emotionen in meine Formulierung.

Wohlwollendste Fügung

Ich bitte um die wohlwollendste Fügung bei diesem außergerichtlichen Vergleich, und er soll meine Hoffnungen und Vorstellungen sogar noch übertreffen. Danke.

Die Kläger forderten fünf Millionen Dollar von dem Fernsehsender, ferner eine Million von meiner Firma und dem anderen Filmverleih. Am Ende des außergerichtlichen Vergleichs waren sie damit einverstanden, dass der Sender vierhunderttausend Dollar und der andere Filmverleih hunderttausend Dollar zahlen sollten. Meine Firma musste gar nichts bezahlen. Ich musste also nur für das Honorar meines Anwalts aufkommen, das nicht gerade günstig war, allerdings stellte er erheblich weniger in Rechnung als befürchtet.

Als Anwalt können Sie immer um die wohlwollendste Fügung ersuchen, wenn Sie einen Mandanten vor Gericht vertreten oder andere außergerichtliche Verhandlungen führen. Sie werden die Erfahrung machen, dass Sie mehr beruflichen Erfolg haben – von der Wertschätzung, die Ihnen durch Ihre Mandanten zuteilwird, ganz zu schweigen.

Bestimmt können Sie mittlerweile nachvollziehen, dass sich Ihr Leben als Geschäftsmann erheblich weniger stressig gestaltet, wenn Sie regelmäßig um wohlwollendste Fügung bitten. Auf mich trifft dies jedenfalls zu. Wer richtig wünscht, hat mehr vom Leben!

7 URLAUBS- UND GESCHÄFTSREISEN

In diesem Kapitel werden Sie viele Gelegenheiten kennenlernen, wie Sie um eine wohlwollendste Fügung zur angenehmen Reisegestaltung bitten können. Die Ausnahmen sollen Ihnen verdeutlichen, dass die seelische Verfassung des Betreffenden eine Erfahrung jenseits der Wunscherfüllung benötigt. Abgesehen davon brauchen die meisten von uns noch ein bisschen Spannung und Aufregung im Leben, selbst wenn ihre Wünsche generell in Erfüllung gehen! Und zudem kann das Ergebnis der Wunscherfüllung unser Verständnis davon übersteigen, wie das Unmögliche möglich werden kann.

Unterwegs auf der Straße

Kürzlich flogen meine Frau und ich nach Sacramento, um von dort mit dem Wagen nach Mount Shasta zu einer Konferenz zu fahren. Ich bat selbstverständlich um eine wohlwollendste Fügung für eine sichere Hin- und Rückfahrt. Im Radio hörten wir, dass die Autobahnpolizei auf der von uns befahrenen Straße hart durchgriff und jedem einen Strafzettel verpasste, der auch nur minimal zu schnell fuhr. Auf der Rückfahrt zuckelten wir gemächlich dahin, ich überholte einige langsamere Autos, und plötzlich tauchte ein überdimensionaler Pick-up hinter mir auf. Als ich kurz darauf einen Laster überholen wollte, riet mir irgendetwas, den Pick-up vorbeifahren zu lassen. Nachdem dieser an mir vorbeigezogen war, scherte ich wieder aus, um einige andere Autos zu überholen. Plötzlich schoss hinter einigen Bäumen und Büschen versteckt eine Autobahnstreife hervor. Ich musste mich rechts einfädeln, um ihr den Weg freizugeben. Die Streife raste los und stoppte den Pick-up. Es hätte auch mich treffen können – definitiv eine wohlwollendste Fügung.

Unsere Freunde Joy und Bob fuhren unlängst von Dallas nach Las Vegas. Sie baten für Fahrt, Hotel und Parkplatz um die wohlwollendste Fügung. Jedes Mal, wenn sie an einer Radarkontrolle vorbeikamen, fuhren sie gerade hinter einem Laster her, der ihr Tempo verlangsamte. In Las Vegas bekamen sie in ihrem Hotel ein Zimmer im gewünschten Stockwerk mit Blick auf *The Strip*. Und sie bekamen einen perfekt überwachten Parkplatz.

Auf der Warteliste am Flughafen

Alle Angestellten einer Fluglinie und deren Angehörige, aber auch gewöhnliche Reisende wissen, wie stressig es sein kann, auf der Warteliste für übrig bleibende Sitzplätze zu stehen, falls gebuchte Passagiere nicht erscheinen. Als meine Tochter noch bei der Fluglinie angestellt war, hatten wir die Möglichkeit, mit diversen Fluglinien kostenlos oder zu einem erheblich ermäßigten Preis zu fliegen. Da wir als Familienangehörige auf der Warteliste allerdings immer ganz unten standen, bat ich stets um die wohlwollendste Fügung, um auch mitzukommen. Ich kann Ihnen gar nicht sagen, wie oft wir als Letzte an Bord gingen und die letzten Plätze bekamen. Häufig sah es so aus, als ob wir absolut keine Chance hätten, denn es waren beispielsweise nur noch fünf Plätze übrig, und wir waren auf Platz sechs oder sieben der Warteliste. Aber in den meisten Fällen ging doch alles gut, weil die auf der Warteliste vor uns Stehenden doch lieber auf die nächste Maschine warten wollten, um gemeinsam reisen zu können.

Wohlwollendste Fügung als ständige Begleiter

Als Manager eines internationalen Film- und Fernsehfilmverleihs bin ich natürlich häufig auf Reisen. Bevor ich begann, um eine wohlwollendste Fügung zu bitten, gab es während der Reisen immer wieder besondere Vorkommnisse: Zwei Busunfälle in den Bergen, die zum Glück recht glimpflich ausgingen, verpasste Anschlussflüge und ein Triebwerksschaden, der die Maschine nach fünf Stunden zum Rückflug nach Rio de Janeiro zwang.

Als Beispiel für eine Geschäftsreise, bei der ich um wohlwollendste Fügung gebeten habe, möchte ich mit einer

Reise nach Cannes im April 2004 beginnen. Sendeketten, Fernsehsender und DVD-Firmen aus aller Welt kommen dorthin, um Filme und TV-Shows zu kaufen. Am Abend vor meiner Abreise stellte ich fest, dass mein Reisepass einen Tag zuvor abgelaufen war. Ich bat sofort um die wohlwollendste Fügung, es dennoch am nächsten Tag ins Flugzeug zu schaffen. Bis dahin gab es noch einiges zu erledigen. Mit Hilfe meiner Frau und meiner Tochter gelang es mir, online das benötigte Formular herunterzuladen und einen Termin am nächsten Morgen um zehn Uhr beim Passamt von Houston zu vereinbaren. Von der Lufthansa bekam ich die Auskunft, ich könne von Houston aus fliegen anstatt von Dallas. Um halb sieben Uhr morgens saß ich in der ersten Maschine von Dallas nach Houston und nahm, dort angekommen, ein Taxi zum Passamt. Ich bat um die wohlwollendste Fügung, irgendwo mein Gepäck deponieren zu können, und fragte den Taxifahrer nach einem in der Nähe gelegenen Hotel. Der Rezeptionist des Hotels erklärte sich bereit, zwischenzeitlich mein Gepäck aufzubewahren. Zurück beim Passamt stand ich als Erster in der Schlange, während die Türen sich öffneten. Ich erfuhr, dass ich dank meines Termins gleich drankommen würde. Zweieinhalb Stunden später hatte ich meinen Pass, holte mein Gepäck ab und fur mit dem Taxi zum Flughafen.

Im Oktober musste ich noch einmal nach Cannes. Ich beschloss, im Anschluss daran an einer kleinen Filmmesse in Mailand teilzunehmen, die vier Tage später stattfinden sollte. Während meines Mailand-Aufenthalts wurde ich vom Veranstalter zu einem Wochenende am Comer See eingeladen (George Clooney hat dort ein Haus, das bei den Dreharbeiten zu *Ocean's 12* genutzt wurde). Essen und Ausflüge waren inbegriffen, nur das Hotel musste ich selbst bezahlen. Als ich erfuhr, dass andere Gäste den Hotelaufenthalt ebenfalls gratis bekamen, bat ich um die wohlwollendste Fügung, für das Hotel nichts bezahlen zu müssen.

Kurz darauf saß ich im Bus »zufällig« hinter dem zuständigen Herrn aus Italien, der es schließlich arrangierte, dass ich ein kostenloses Hotelzimmer bekam – in einem Vier-Sterne-Hotel direkt am See. Am Wochenende fuhren einige Messe-Teilnehmer in die Schweiz zu einem Outlet, wo ich mehrere italienische Anzüge kaufte, die allerdings dort geändert werden mussten. Auf dem Rückweg wurde unser Taxi an der Grenze angehalten, da die Italiener Pass und Papiere kontrollieren wollten. Ich bat um eine wohlwollendste Fügung, und es sollte gar nicht lang dauern, da durften wir auch schon weiterfahren.

In Mailand wieder angekommen, machte ich einen Spaziergang in die Innenstadt, um in einem mir empfohlenen Restaurant zu essen. Das in einer Fußgängerzone gelegene Restaurant war mit dem Auto nicht erreichbar. Als ich mir auf dem Rückweg zum Hotel ein Taxi nehmen wollte, war kein einziges frei. Nach einigen Minuten – ich wollte gerade um eine wohlwollendste Fügung bitten – bog ein Auto um die Ecke, noch bevor ich meinen Wunsch ausgesprochen hatte.

Am ersten Morgen, nachdem die Mailänder Messe beendet war, stand ich früh auf und nahm den ersten Zug an den Comer See, um meine italienischen Anzüge abzuholen. Dort herrschte aufgrund eines internationalen Radrennens Hochbetrieb. Ich ging in die Touristeninformation, um mich nach einem Bus in die Schweiz zu erkundigen, und erfuhr, dass der Busverkehr wegen des Rennens eingestellt war. Etwa zu diesem Zeitpunkt merkte ich, dass ich meinen Pass in meinem Hotelzimmer in dem am Vortag getragenen Kleidungsstück vergessen hatte. Die Dame an der Information sah mir meine zunehmende Panik an und riet mir, nachdem ich von meiner Zwangslage berichtet hatte, in dem Geschäft anzurufen, dann würde ich schon erfahren, wie sich alles regeln ließe. Ich formulierte sofort, nachdem ich die Touristeninformation verlassen hatte, folgende Bitte.

Wohlwollendste Fügung

Ich bitte um die wohlwollendste Fügung, meine Anzüge zu bekommen. Danke.

Als ich ein Hotel entdeckt hatte, bat ich den Mann an der Rezeption, in dem Geschäft anzurufen, und man willigte ein, mir die Anzüge über die Grenze zu bringen. Der Mann an der Rezeption sorgte weiterhin für mich, indem er auch noch ein Taxi bestellte und mir erklärte, dass ich zu Fuß einige Straßen weiter gehen müsste, um es wegen der gesperrten Straßen zu erreichen. Doch zehn Minuten später kam auch schon das Taxi – es hatte sich einen Weg durch die Menge bahnen können. Nachdem ich dem Mann an der Rezeption ein großzügiges Trinkgeld gegeben hatte, starteten wir in Richtung Grenze, wurden wegen des Rennens jedoch umgeleitet. Wegen der Verspätung bat ich um eine weitere wohlwollendste Fügung – der Angestellte mit den Anzügen solle auf mich warten. Fünfzig Meter vom Grenzübergang entfernt stand eine Dame, die Anzüge in der Hand. Ich nahm sie glücklich und dankbar entgegen, und wir fuhren wieder zurück zum Bahnhof.

Am Tag meiner Abreise aus Mailand musste ich bereits gegen fünf Uhr morgens das Hotel verlassen, um mein Flugzeug zu bekommen. Ich fragte den Mann an der Rezeption, ob auch ein anderer Gast so zeitig losmüsse, denn ich wollte die Taxikosten für die lange Fahrt teilen. Aber er hatte niemanden auf seiner Liste stehen. Ich bat um die wohlwollendste Fügung, jemanden zu finden, mit dem ich mir die Kosten teilen konnte, doch als ich am nächsten Morgen an der Rezeption erschien, war niemand da. Kaum hatte ich mich damit abgefunden, kamen plötzlich Ärzte der Mayo-Klinik herein, die an einem Krebskongress teilgenommen hatten. Sie hatten einen Minibus gemietet, um zum Flughafen zu fahren, und forderten mich auf mitzukommen – kostenlos!

Letzten April hatte ich eine weitere Reise zu besagter Messe in Cannes geplant. Diesmal bot uns ein Kunde meines französischen Freunds Dominique sein Haus an. Wir konnten das Haus, das sechs Zimmer hatte und in dem großen Skiort Megève lag, während der Woche, bevor die Messe in Cannes stattfand, nutzen. Am zweiten Tag unseres Aufenthalts fuhren wir zu fünft – unter anderem Dominique und ich – in die Mont-Blanc-Gegend, um im berühmten Vallée Blanche unter Aufsicht eines Führers auf drei Gletschern dem Skisport zu frönen. Los ging es auf einer Höhe von 3800 Metern mit diversen Schluchten. Der Führer hatte uns angeseilt, um uns notfalls wieder aus so einer Schlucht herausziehen zu können.

Es erübrigt sich zu sagen, dass ich für den ganzen Tag um die wohlwollendste Fügung ersuchte. Das war auch gut so, denn die Saison neigte sich dem Ende zu und der Schnee war bereits am Schmelzen. Zudem war in den letzten vierzehn Tagen kein Neuschnee gefallen, das Gelände zeigte sich vereist und tückisch und es war besonders schwierig, über die riesigen Eisblöcke von einem Gletscher zum nächsten zu gelangen. Wir mussten streckenweise sogar die Ski abschnallen und über das spiegelglatte Eis nach unten rutschen. An einem steilen Abhang stürzte ich von dem schmalen Pfad, und da lag ich dann mit dem Ski neben mir und sah am Fuß des Abhangs diverse Eisblöcke. Zuerst wusste ich nicht, wie ich überhaupt wieder auf den Pfad kommen sollte, weil der Hang so abschüssig war. Es war recht mühsam, aber mit Dominiques Hilfe schaffte ich den Weg hinauf. Wäre Dominique nicht hinter mir geblieben, hätte ich womöglich eine Stunde, wenn nicht noch länger, warten müssen, bis jemand aus der Gruppe umgedreht und zu mir gekommen wäre.

Nach der Fernsehmesse musste ich meine neue Skiausrüstung in einer entlegenen Vorstadt im Norden von Paris abholen, bevor ich in die USA zurückflog. Ich nahm den TGV-Hochgeschwindigkeitszug nach Paris und übernachtete bei Neil, einem befreundeten Autor und Produzenten. Es macht mir immer großen Spaß, in seinem Apartment zu wohnen, nicht nur wegen der guten Gespräche, sondern auch, weil ich vor dem Einschlafen von einem der Fenster die Lichtshow am Eiffelturm bestaunen kann. An dem Abend bat ich um die wohlwollendste Fügung, rechtzeitig meinen Flieger zu erreichen – natürlich mit Skiausrüstung. Am nächsten Morgen rief Neil ein Taxi und bekam von einer Roboterstimme mitgeteilt, dass eines unterwegs sei. Wir warteten und warteten, doch es war kein Taxi in Sicht. Neil wollte zu einem Taxistandplatz drei Straßen weiter loslaufen, als ich in ziemlicher Entfernung ein Taxi erspähte. Ich bat darum, dass dieses Taxi auf dem Weg zu uns war, doch es wendete und fuhr in die andere Richtung davon. Direkt dahinter kam doch noch ein Taxi, das einige Meter von uns entfernt anhielt, um einen Fahrgast aussteigen zu lassen. Wenn das keine wohlwollendste Fügung war!
Neil gab dem Taxifahrer die Adresse, dieser sagte, er kenne die Adresse, und schon brausten wir los. Und wie!

Von Tausenden von Taxifahrern in Paris war ausgerechnet er in unmittelbarer Nähe zu dem Laden aufgewachsen, in dem ich meine Skiausrüstung abholen musste. Der Taxifahrer zeigte mir sogar das Geschäft seiner Eltern. Ich bin mir sicher, meine wohlwollenden Schutzengel haben sich köstlich amüsiert, als sie diesen Coup für mich arrangiert haben.

Im Zeichen wohlwollender Synchronizität

Letzten Juni flog ich nach Budapest, um dort an einer osteuropäisch-zentralasiatischen Messe teilzunehmen. Ich habe dort einen ungarischen Freund: Tomas, Tom genannt. Sein Unternehmen war expandiert, und er war inzwischen nicht nur als Produzent, sondern auch im Filmverleih für ungarische Filme tätig. Wie bei einer neuen Firma üblich, musste er auf seine Liquidität achten, während er sich international einen Namen machte. Er sagte zu mir: »Tom, du musst für mich um das hilfreiche Ergebnis bitten, dass ich bis zum Ende der Messe für den weiteren Ausbau meines Unternehmens eine Million Euro zusammenkriege.« Natürlich erklärte ich ihm, dass er für seinen Wunsch nicht mich brauche, denn damit übertrug er seine Macht einem anderen Menschen.
Unser gemeinsamer Freund Neil aus Paris war inzwischen angekommen, um Gelder für einen Dokumentarfilm aufzutreiben. Am zweiten Messetag spazierte ein Banker, der den Anschein erweckte, als habe er sich »ver-

irrt«, zu Neils Stand und erklärte ihm, dass er nach einem Verteiler für Osteuropa suche, um eine Investition von bis zu fünf Millionen Dollar zu tätigen, aber er wisse nicht, an wen er sich wenden solle. Neil schickte den Banker zu Tom, der – so teilte er mit – für sein Vorhaben zunächst 200 000 Euro und sechs Monate später weitere 100 000 Euro brauche. Der Banker forderte Tom auf, eine Woche nach der Messe bei seiner Bank einen Antrag zu stellen. Ungeachtet, ob Tom nun seine Finanzmittel bekommen hat oder nicht, der eigentliche Punkt an der Sache ist die Synchronizität des Geschehens: Tom hat die Bekanntschaft mit jemandem gemacht, der ihm eine Million Euro zur Verfügung stellen konnte. Ist das nicht unglaublich?

Zeitgewinn durch Zeitverdichtung

Auf meiner Reise von Budapest zurück nach Dallas hatte das Flugzeug ab Amsterdam eine Verspätung, und es schien, dass ich nur eine winzige Chance hatte, in Houston meinen Anschlussflug nach Dallas zu erwischen. Ich bat deshalb um die wohlwollendste Fügung, meinen Flieger zu erreichen. In Houston blieben mir zwanzig Minuten bis zu meinem Anschlussflug um 19 Uhr. Ich hatte die Zollformalitäten noch nicht erledigt und wusste, dass mein Flieger zwei Terminals weiter abging. Dennoch sagte mir mein Gefühl, dass alles gutgehen würde, obwohl ich bereits eine Bordkarte für den späteren Flug hatte. Ich summte leise die ersten Zeilen eines Lieds von Hot Chocolate vor mich hin: »I believe in miracles ... you sexy thing«, die ich immer wiederholte. Als ich mein Gepäck wieder aufgab, war es drei Minuten vor 19 Uhr. Ich frage die Mitarbeiterin, ob ich versuchen könnte, den früheren Flieger noch zu erreichen, was sie bejahte. Aber bestimmt dachte sie, dass mein Unterfangen ziemlich aussichtslos war. Ich äußerte laut den Wunsch nach einer so genannten Zeitverdichtung – Sie wissen schon, dass Sie so etwas auch tun können? Jedenfalls sprintete ich los und ich kam um 19.10 Uhr am Gate an. Ich zeigte dem Personal meine ursprüngliche Bordkarte – und ging als letzter zahlender Passagier an Bord. Natürlich kam mein Gepäck nicht mit; ich bat also noch mal um eine wohlwollendste Fügung – meine Sachen wurden mir später zugestellt.

Ich bin mir im Klaren, dass mich eine wahre Flut von E-Mails erwartet, wenn ich jetzt nicht erkläre, was es mit dieser »Zeitverdichtung« auf sich hat. Auch damit habe ich experimentiert und festgestellt, dass dieses Prinzip funktioniert. Nehmen wir an, Sie müssen ans andere Ende der Stadt, um dort Freunde zu treffen. Sie kommen erst in letzter Minute los und wissen, dass Sie zu spät kommen werden. Dann sprechen Sie die folgende Formulierung, laut und mit Nachdruck.

Wohlwollendste Fügung

Ich bitte um eine Zeitverdichtung, bis ich an meinem Ziel ankomme, und um die wohlwollendste Fügung, gut dort einzutreffen. Danke.

Fahren Sie ganz normal los und schauen Sie nicht auf die Uhr – weder auf die im Auto noch auf Ihre Armbanduhr, sonst klappt es nicht. Wenn Sie ankommen, werden Sie überrascht sein, in welch kurzer Zeit Sie die Strecke geschafft haben. Irgendwie gelingt es Ihrem Schutzengel, für Sie die Zeit zu manipulieren.

Sinnhaftigkeit von Verzögerungen

Es gibt Zeiten, in denen die Bitten um die wohlwollendste Fügung sich nicht zu realisieren scheinen. Als ich letzten Oktober nach Cannes flog, nahm ich die Verbindung über Madrid und musste dort einen Anschlussflug nach Nizza erreichen. Bei der Ankunft musste ich feststellen, dass keine meiner drei Reisetaschen da war, obwohl ich um eine wohlwollendste Fügung gebeten hatte. Am nächsten Tag wurden mir zwei Taschen zugestellt, aber die Tasche mit den Flyern und Postern für den Messestand fehlte noch. Wir mussten also die Messe mit ein paar mickrigen Postern und einigen Kopien der beiden Flyer beginnen.

Ich konnte nicht verstehen, weshalb diese Tasche nicht aufgefunden worden war, da ich ja um eine wohlwollendste Fügung ersucht hatte. Während meiner Meditation nach dem ersten Messetag fragte ich nach dem Grund und erhielt eine erstaunliche Botschaft: Ich würde ja nun schon seit dreiundzwanzig Jahren diese Messe besuchen und daher sei es mir damit langweilig geworden. Deshalb hatte ich auf einer höheren Ebene meines Bewusstseins bewirkt, dass mein Gepäck mit Verzögerung eintreffen sollte. Ich erfuhr auch, dass es Mittwoch oder Donnerstag werden könnte, bis die noch fehlende Tasche ankäme. Nach der Meditation wünschte ich mir *sehr emotional*, dass die Tasche am nächsten Tag einträfe. Am Dienstagnachmittag bekam ich einen Anruf, dass die Tasche unterwegs sei. Sie kam um 18 Uhr an, als der Arbeitstag zu Ende war.

Auf dem Rückweg nahm ich eine regionale Turboprop nach Barcelona, um dort einen Tag zu verbringen. Diesmal kamen zwei Reisetaschen nicht an, und wieder war die Tasche mit den Flyern und Prospekten darunter. In meiner Meditation erfuhr ich, dass ich auch diese Episode arrangiert hatte, um mich auf dem Heimweg nicht mit zusätzlichen Taschen herumschlagen zu müssen – sie wurden mir dann nach Hause geliefert. Da darin Poster, Flyer und die getragene Kleidung waren, hatte ich sie auch nicht so dringend benötigt.

Um etwas Unmögliches bitten

Wenn Sie den Mut haben, um das Unmögliche zu bitten, werden Sie die Erfahrung machen, dass das Ergebnis alle Ihre Vorstellungen weit übertreffen kann.

Auf einer Kreuzfahrt nach Alaska, die meine Frau und ich unternahmen, legte das Schiff an drei Häfen an, und für jeden Hafen, den wir anlaufen sollten, war die Wettervorhersage ziemlich mies. Natürlich baten meine Frau und ich um eine wohlwollendste Fügung für unseren ersten Landausflug: Sonne. Und siehe da, die Sonne schien während der gesamten Fahrt bis zum *White Horse Pass* und wieder zurück; erst nach unserer Rückkehr ging nachmittags ein kurzer Schauer nieder.

In Juneau stand eine Exkursion zur Walbeobachtung auf dem Programm. Wir beide baten um einen klaren Tag. Und wir waren nicht die Einzigen, denn wie ich später erfuhr, hatte am Abend zuvor jeder einzelne Seminarteilnehmer, dem ich während der bisherigen Reise das Konzept der wohlwollendsten Fügung vorgestellt hatte, um schönes Wetter gebeten!

Auf unserem Bootsausflug mit dem neuen Katamaran *Spirit* – der Name erschien uns wie ein Wink des Himmels – war es zwar etwas bedeckt, aber die Sonne kam häufig heraus. Als die zweite Gruppe zur Walbeobachtung fuhr, war es sogar noch sonniger. Und in Ketchikan – einem der feuchtesten Orte mit jährlichen Niederschlagswerten von über vier Metern und nur dreizehn Sonnentagen im Jahr – war keine einzige Wolke am

Himmel zu sehen. Unsere örtlichen Führer, die noch ihre Regenkleidung trugen, beteuerten, dass es sicherlich gleich anfangen würde zu regnen. Welch eine wohlwollendste Fügung das doch war! Als wir unsere Bitte formuliert hatten, schien dieses Ergebnis schier unmöglich zu sein.

8 GEFÄHRLICHE ORTE UND TÄTIGKEITEN

Es ist erstaunlich, wie viele Menschen heutzutage in Angst leben. Ich will Ihnen nun aufzeigen, wie Sie Ihr Angstpotenzial erheblich reduzieren können, indem Sie um ein wohlwollendes Resultat ersuchen, sobald Sie sich einer Gefahr ausgesetzt sehen. Wenn Sie an einem gefährlichen Ort arbeiten oder in gefährliche Gegenden reisen müssen, beim Militär sind, in einem Kriegsgebiet leben oder gar in einem gefährlichen Stadtviertel arbeiten, dann bekommen Sie durch Ihr Ersuchen um ein wohlwollendes Resultat Schutz, wodurch sich Ihre Angst- und Stressfaktoren erheblich vermindern.

In einem Kriegsgebiet

Nehmen wir einmal an, Sie sind beim Militär und befinden sich in einem Kriegsgebiet. Es ist absolut nicht Ihr Wunsch, sich dort aufzuhalten, aber Sie sind verpflichtet zu bleiben, bis Sie wieder nach Hause abkommandiert werden. Ihr Ersuchen um ein wohlwollendes Resultat wird eher in Erfüllung gehen, wenn Sie beschließen, andere Menschen nicht zu verletzen oder zu töten und auch niemandem bleibende Schäden zuzufügen, und sich dann

wünschen, auch selbst nicht verletzt oder getötet zu werden.
Müssen Sie also beispielsweise in einem Konvoi vom Punkt A zum Punkt B fahren, sagen Sie laut:

> Wohlwollendste Fügung
>
> *Ich ersuche um die wohlwollendste Fügung für unsere Fahrt. Danke.*

Hat man Sie in einem bestimmten Gebiet zur Patrouille eingeteilt, sagen Sie:

> Wohlwollendste Fügung
>
> *Ich ersuche um die wohlwollendste Fügung, von dieser Patrouille wieder unbeschadet zurückzukehren. Danke.*

Bei den beiden obigen Beispielen kann es nun passieren, dass eine Bombe am Straßenrand explodiert, jedoch nicht Ihr Fahrzeug getroffen wird, sondern ein anderes. Während der Patrouille stellen Ihre Widersacher vielleicht ihre Aggressionen früher am Abend ein als sonst oder werden plötzlich in ein anderes Gebiet abgezogen. Ihre

Patrouille gestaltet sich dann womöglich recht langweilig, aber Sie kehren schließlich ohne Konflikte zu Ihrer Truppenbasis zurück.

Können Sie sich vorstellen, was passieren würde, wenn alle Menschen, die an einem Konflikt beteiligt sind, auf beiden Seiten täglich um das wohlwollende Resultat ersuchen würden, sicher zu ihrer Basis zurückzukehren? Dann würde nie Krieg herrschen! Mir ist schon klar, dass dies eine Utopie ist, aber bedenken Sie stets, dass Sie auch um Unmögliches bitten können.

Wenn Sie in einem Kriegsgebiet oder an einem anderen gefährlichen Ort leben, können Sie auch bei ganz simplen Dingen um eine wohlwollendste Fügung ersuchen – zum Beispiel, wenn Sie in den Supermarkt, in ein Restaurant, zur Schule oder einfach zu Ihrem Auto gehen. Sagen Sie dann:

Wohlwollendste Fügung

Ich ersuche um das bestmögliche wohlwollende Resultat für meinen Gang zum Supermarkt [oder: zum Restaurant, zur Schule, zur Arbeit] und wieder nach Hause. Danke.

Gefährliche Berufe

Ob Sie bei einem Rettungsdienst tätig sind oder als Mitglied einer medizinischen Hilfsorganisation in Kriegsgebiete reisen müssen – für all diejenigen gilt: Bitten Sie um wohlwollendste Fügung, wenn Sie von einem Ort zum anderen reisen, und auch für all die Dinge, bei denen Sie sich gefährdet fühlen. Wenn Sie an einem gefährlichen Ort arbeiten, sei es auf einer Baustelle oder bei der Feuerwehr, können Sie den unten stehenden Satz sagen.

> Wohlwollendste Fügung
>
> *Ich bitte um die wohlwollendste Fügung hinsichtlich meiner Sicherheit am Arbeitsplatz heute.*
> *Danke.*

Die Tätigkeiten von Polizisten und Feuerwehrleuten sind häufig mit großen Gefahren verbunden, da der nächste Einsatz immer eine lebensgefährliche Situation bedeuten kann. Sind Sie Polizist oder Feuerwehrmann, können Sie täglich folgende Formulierung wählen.

> Wohlwollendste Fügung
>
> *Ich bitte um die wohlwollendste Fügung, heute unversehrt von meinem Dienst zurückzukommen.*
> *Danke.*

Die tägliche Bitte um wohlwollendste Fügung, nämlich unversehrt wieder in die Einsatzzentrale zurückzukommen, setzt eine Abfolge von Ereignissen in Gang, die das gewünschte hilfreiche Ergebnis ermöglichen.

Taschendiebe

Auf der ganzen Welt stellen Taschendiebe in Großstädten ein Problem dar. Erst kürzlich verbrachte ich eine Nacht in der Innenstadt von Barcelona. Das Erste, was mir der Mann an der Rezeption sagte, war, auf meine Brieftasche aufzupassen, als ich mich auf den Weg zum Abendessen machte, denn es trieben in dem Viertel Taschendiebe ihr Unwesen. Ersuchen Sie also um die wohlwollendste Fügung für sich und alle Ihre persönlichen Gegenstände, wenn Sie in einer Großstadt unterwegs sind.

Risikosportarten

Im Zusammenhang mit Sport sei erwähnt, dass es natürlich viele Sportarten gibt, die mit einem hohen Risiko einhergehen – einige sind gefährlicher, andere weniger.

Nehmen wir zum Beispiel einmal Fallschirmspringen. Vor vielen Jahren, als ich bei der Armee im »Friedenstrupp« in Korea stationiert war, nahm ich an einem kleinen Flughafen auf einer Sandbank mitten im Fluss Han Flugunterricht. Eines Tages sahen wir zu, wie ein paar Fallschirmspringer aus einem Flugzeug sprangen. Bei einem der Männer ging der Fallschirm nur teilweise auf. Er hantierte damit herum, bis er schließlich seinen Reservefallschirm öffnete. Da der Mann groß und kräftig war, bremste der Fallschirm ihn nicht ausreichend ab, so dass er dann mit einer Hüftverletzung vom Feld getragen werden musste. Nach dieser Erfahrung wollte ich nie wieder Fallschirm springen. Aber ich könnte nun natürlich auch sagen:

Wohlwollendste Fügung

Ich ersuche um die wohlwollendste Fügung für meine Sprünge heute und um eine sichere und problemlose Landung. Danke.

Diese Formel lässt sich entsprechend abgewandelt auf viele andere Sportarten übertragen.

Sie können Ihr Leben mit mehr Sicherheit gestalten, indem Sie beim Reisen, beim Arbeiten und generell bei allen Aspekten des Lebens um ein wohlwollendes Resultat ersuchen. Wer richtig wünscht, hat mehr vom Leben.

9 DIE AUSSTRAHLENDE WIRKUNG DER WOHLWOLLENDSTEN FÜGUNG

Mit einer wohlwollendsten Fügung wünschen Sie sich etwas Bestimmtes – nur für sich selbst. Sie sind der Adressat, nicht Ihre Familie oder Freunde. Sollten Ihre Familie oder Freunde in den Genuss der hilfreichen Ergebnisse kommen wollen, müssen diese persönlich darum bitten. Nicht von der Hand zu weisen ist jedoch, dass eine persönliche Bitte um eine wohlwollendste Fügung auch eine wohlwollende Wirkung auf die Menschen in Ihrer Umgebung hat.

Auswirkung auf die Mitmenschen

Was passiert eigentlich, wenn Sie um eine wohlwollendste Fügung bitten? Nehmen wir zum Beispiel die Bitte um einen guten Parkplatz. Wenn Ihre Familie oder Freunde mit Ihnen unterwegs sind, profitieren sie ebenfalls von einem günstig gelegenen Parkplatz. Vielleicht regnet es gerade, oder ein Mitfahrender ist nicht gut zu Fuß: Sie alle profitieren von Ihrer Bitte um eine wohlwollendste Fügung.

Wenn Sie mit dem Auto zur Arbeit fahren und um das hilfreiche Ergebnis bitten, sicher anzukommen, geraten automatisch alle anderen Fahrzeuge in Ihrer Umgebung unter den Einfluss Ihrer Bitte. Auch wenn Sie mit der U-Bahn, dem Zug oder Bus unterwegs sind, hat Ihre Bitte positive Auswirkungen auf alle anderen Fahrgäste, denn diese kommen ebenfalls sicher an ihr Ziel.
Haben Sie sich für eine bestimmte Stelle beworben, wird die Firma, die Sie eingestellt hat, samt allen Mitarbeitern davon profitieren – wiederum eine Wirkung, die positiv ausstrahlt. Die Firma hat einen Vorteil von dieser Arbeitsbeziehung, die durch eine wohlwollendste Fügung bekräftigt wurde, und Ihre neuen Kollegen profitieren ebenfalls von einer Kollegin, die fachlich am besten geeignet ist und mit der es Spaß macht zu arbeiten.

Bei unseren bereits erwähnten Freunden, den Inhabern eines noblen Malerbetriebs und Bauunternehmens, profitierten Kunden von der Erfahrung und Aufmerksamkeit, die sie Kleinigkeiten widmen. Für die Angestellten ist der neue Auftrag ebenfalls von Vorteil, denn er garantierte ihnen mehrere Monate ihren Arbeitsplatz.

Jedes Mal, wenn ich bei Verhandlungen mit neuen Klienten um die wohlwollendste Fügung bitte, weiß ich, dass auch der Klient ein großes Interesse daran hat, mit mir ins Geschäft zu kommen, weil meine Bitte um eine wohlwollendste Fügung sich auch positiv auf ihn auswirkt.

Erinnern Sie sich, als ich vom Ausflug in den Yellowstone Park berichtet habe, an die Geschichte des Rückflugs? Ich bat damals wegen des überbuchten Flugs um die wohlwollendste Fügung. Mit dem Ergebnis, dass wir nicht von der Passagierliste gestrichen wurden, sondern Plätze in der Business-Class bekamen, weil wir unsere Billigsitze freiwillig zur Verfügung gestellt hatten. Meine Bitte um die wohlwollendste Fügung hatte eine ausstrahlende Wirkung – mein Sohn und ich sowie der Freund meines Sohns und dessen Vater, wir alle flogen Business-Class. Das war ein tolles Geschenk, nicht nur für meine Mitreisenden, sondern auch für mich, denn ich freute mich über das Glück der anderen.

Mehr Sicherheit bewirken

Wenn Sie sich gezwungen sehen, Fehlverhalten oder auch illegale Machenschaften am Arbeitsplatz zu melden, werden Sie natürlich um die wohlwollendste Fügung für Ihr Vorhaben bitten. Natürlich werden Ihre Schutzengel auf Sie aufpassen, doch die ausstrahlende Wirkung reicht viel weiter. Vielleicht leiden noch andere unter der Situation und müssen infolge der Ergebnisse Ihrer Bitte diesen Zustand nicht länger ertragen. Möglicherweise finden diese sogar den Mut, sich persönlich zu äußern.

Wege zu einem stressfreien Leben

Auch die Bitte um ein Taxi kann eine ausstrahlende Wirkung haben. So kann es sein, dass der Taxifahrer seit geraumer Zeit keinen Fahrgast hatte, aber auf ein gutes Geschäft angewiesen ist. Etwas in ihm sagt ihm, in die Straße abzubiegen, in der Sie gerade warten, und so kommt er zu seinen Einnahmen und Sie zu Ihrem Taxi. Sie beide profitieren von Ihrem Wunsch.

Sogar Tausende Menschen haben von einer Bitte während einer Kreuzfahrt profitiert, als einige in den Hafenstädten von Alaska um Sonne gebeten hatten. Tausende Menschen kamen in den Genuss eines herrlichen Tages. Da alle Touren durchgeführt werden konnten, sogar diejenigen mit Hubschraubern und Kleinflugzeugen, verdienten auch die Veranstalter gutes Geld. Alle Passagiere auf dem Kreuzfahrtschiff freuten sich über die Tage ohne Regen, und die Geschäfte am Hafen haben bestimmt während unseres Aufenthalts einen ungewöhnlich hohen Umsatz gemacht.

Sie können nun zu den Kapiteln zurückblättern, die Sie bislang gelesen haben. Dort werden Sie zahlreiche Beispiele finden, wie jemand durch die Bitte eines anderen Menschen um eine wohlwollendste Fügung positiv beeinflusst wurde. Ihnen wird es ebenso ergehen.

Sie müssen sich einfach angewöhnen, um wohlwollendste Fügungen zu bitten, dann gestaltet sich Ihr Leben und das Ihrer Mitmenschen viel angenehmer.

10 LEBENDIGE GEBETE

Lebendige Gebete und wohlwollendste Fügungen ähneln sich, sind aber keinesfalls identisch. Bei einer wohlwollendsten Fügung sind Sie selbst der Adressat und bitten für sich um eben wohlwollende Erfahrungen, während Sie mit einem lebendigen Gebet *für jemand anderen* wohlwollenden Beistand erbitten: Sei es, dass derjenige nicht weiß, wie er den Wunsch richtig formulieren soll, oder sei es, dass derjenige dazu nicht in der Lage ist.

Was sind lebendige Gebete?

Zum ersten Mal las ich von lebendigen Gebeten in dem eingangs erwähnten Buch *Council of Creators* von Robert Shapiro. Definitionsgemäß liegt der Unterschied zwischen wohlwollendsten Fügungen und lebendigen Gebeten darin, dass Erstere nur Sie selbst betreffen, während lebendige Gebete Freunde und Angehörige einschließen. In den vorhergehenden Kapiteln gab es jedoch genügend Beispiele für wohlwollendste Fügungen, die auch auf andere Menschen bezogen sind. Der Grund hierfür liegt darin, dass wohlwollendste Fügungen eine ausstrahlende Wirkung haben und deswegen meiner Meinung nach die strikte Abgrenzung zwischen den beiden »Wunschformen« nicht unbedingt aufrechterhalten werden kann. Obwohl beispielsweise der Unterschied zwischen einer wohlwollendsten Fügung für Sie selbst und einem lebendigen Gebet für Sie und Ihre Familie nur geringfügig sein mag, sollten Sie darauf achten, ein lebendiges Gebet nur dann zu sprechen, wenn Sie *ausschließlich für jemand anderen* um etwas bitten.

Nachhaltigkeit durch einfache Worte

Lebendige Gebete bestehen aus einfachen Worten und sind deshalb in ihrer Wirkung umso nachhaltiger. Zum einen fühlen Sie sich nach einer Bitte nicht mehr hilflos, und zum anderen können Engelswesen *unmittelbar* reagieren, da lebendige Gebete *gegenständlich* sind. Durch Ihre Bitte und die Taten der Engelswesen entwickelt sich Energie, die, könnte man sie sehen, als farbige Ströme aus Liebe und Gefühl sichtbar wäre. Diese Ströme fließen aus der ganzen Welt zum Schauplatz der Katastrophe – mitunter millionenfach.

Obwohl Sie im Normalfall nicht erfahren werden, ob Ihr lebendiges Gebet jemandem geholfen hat – Sie müssen einfach daran glauben –, kann es vorkommen, dass Sie das Ergebnis doch mitbekommen.

Als meine Frau und ich neulich in einem Flugzeug unsere Plätze einnahmen, setzte sich ein Paar in die Reihe vor uns. Kurz darauf machte sich auf dem Gesicht der Frau

Panik breit. Ich flüsterte so leise, dass nur meine Frau es hören konnte, den unten stehenden Satz.

> Lebendiges Gebet
>
> *Ich bitte darum, dass alle Wesen diesem Paar bei seinem Problem beistehen.*

Wir konnten nicht genau hören, was die beiden redeten, wir vernahmen nur etwas vom Gate am Flughafen oder einem Auto, aber die Frau stand schließlich auf und verließ das Flugzeug. Zehn Minuten später kam sie sichtlich erleichtert zurück, ihre Geldbörse in der Hand. Sie hatte sie beim Sicherheits-Check liegen lassen – und »zum Glück« hatte niemand die Börse mitgenommen, sondern das Sicherheitspersonal hatte sie aufbewahrt, bis die Frau sie abholen kam.
Meine Frau und ich waren Zeugen eines lebendigen Gebets in Aktion geworden.

Möglicherweise stellt sich einigen Lesern die Frage, ob sie den Namen ihres Gottes einfügen können, wenn sie ein lebendiges Gebet sprechen. Das ist selbstverständlich möglich, wenn es Ihr Wunsch ist. Es ist jedoch nicht notwendig, etwas hinzuzufügen, wie ich im Rahmen meiner Meditationen erfahren habe: Denn die Engel erkennen sofort, dass Sie ein lebendiges Gebet gesprochen haben, und reagieren umgehend. Lebendige Gebete wirken am besten, wenn sie schlicht und einfach gehalten sind.

Beistand bei Rettungsaktionen

Wie auch bei der Bitte um die wohlwollendste Fügung müssen Sie bei lebendigen Gebeten zum Ausdruck bringen, was Sie sich wünschen. Sie sollten nicht in die Verneinung gehen – also formulieren, was Sie sich *nicht* wünschen.

Kürzlich berichtete eine Journalistin in einer Nachrichtensendung über ihre Entführung. Als ich das hörte, sagte ich das unten stehende Gebet.

Lebendiges Gebet

Ich bitte darum, dass dieser Journalistin sogleich jeglicher Beistand und Trost von allen Wesen zuteilwird, die ihr nur helfen können.

Als Einzelperson kann man möglicherweise kaum etwas ausrichten, aber stellen Sie sich vor, was passiert, wenn Tausende solche Wünsche formulieren, auf die die Engelswesen sofort reagieren!
Hält sich ein Familienmitglied an einem potenziell gefährlichen Ort auf, sagen Sie Folgendes.

> **Lebendiges Gebet**
>
> *Ich bitte darum, dass mein(e) liebe(r)*
> *_____ [Namen einfügen] in*
> *_____ [Ort einfügen] absolut*
> *sicher ist und gesund nach Hause zurückkehrt.*

Möchten Sie täglich solch eine Bitte formulieren, sollten Sie an einem Tag die Stadt, am nächsten Tag die Gegend und schließlich das Land nennen. Wenn die Person schließlich wieder nach Hause fährt, wählen Sie die unten stehende Formulierung.

> **Lebendiges Gebet**
>
> *Ich bitte darum, dass die Heimreise von*
> *_____ [den Namen nennen]*
> *sicher und wohlwollend verläuft.*

Im Jahr 2005 wütete in den USA der Hurrikan Katrina. Die Nachrichtensendungen zeigten Bilder von Menschen, die bis zur Hüfte durchs Wasser wateten oder von Hubschraubern vom Dach ihrer Häuser gerettet werden mussten – ich war zutiefst betroffen. Da ich physisch nicht helfen konnte, sagte ich den folgenden Satz.

> **Lebendiges Gebet**
>
> *Ich bitte darum, dass alle Lebewesen, die in Gefahr sind und Beistand brauchen, von allen Wesen, die ihnen nur helfen können, den größtmöglichen Beistand bekommen.*

Nehmen wir beispielsweise eine Naturkatastrophe, die sich am anderen Ende der Welt ereignet. Sie wissen, dass dadurch Menschen verletzt wurden, wenn nicht gar zu Tode kamen oder plötzlich ohne Nahrungsmittel, Wasser und ein Dach über dem Kopf dastehen. Falls sich solch eine Naturkatastrophe in entfernten Regionen ereignet, können Sie folgende Formulierung wählen.

> **Lebendiges Gebet**
>
> *Ich bitte darum, dass alle Wesen in _____ [Sie können hier den genauen Ort oder auch nur die Gegend nennen], die in Not sind und Beistand benötigen, jegliche Hilfe, Unterstützung und Liebe von allen Wesen bekommen, die ihnen helfen können.*

Auch bei lebendigen Gebeten können Sie die Formulierung den Umständen entsprechend anpassen. Sie können den genauen Ort angeben oder, wenn Sie sich nicht sicher sind, auch nur das Land nennen. Möglicherweise irritiert Sie in der obigen Formulierung der Begriff »Wesen«: Damit soll zum Ausdruck gebracht werden, dass es sich um Menschen, deren Haustiere oder Vieh handeln kann. Nach dem Hurrikan Katrina waren im Fernsehen Hunde auf den Hausdächern zu sehen, mit oder ohne ihr Herrchen. Viele Haustiere wurden von gutherzigen Menschen gerettet, die in Booten losfuhren, um die Vierbeiner zu holen. Rettende »Wesen« sind in diesem Zusammenhang Männer, Frauen, Kinder, Hunde, Tiere und natürlich auch Engelswesen. Sie sollten Ihren Wunsch deshalb in keiner Weise einschränken.

Lebendige Gebete für sich selbst

Nachdem ich jahrelang ausschließlich um wohlwollendste Fügungen gebeten hatte, sind lebendige Gebete für mich etwas relativ Neues. Mit diesem Konzept können Sie lebendige Gebete für andere sprechen und sich selbst trotzdem einbeziehen.
Bedenken Sie, dass Sie auch in lebendigen Gebeten um etwas bitten können, das unmöglich erscheint!

Nehmen wir an, Sie wohnen in einem Gebiet, das von Wirbelstürmen und Hurrikanen wie Katrina heimgesucht wird. In diesem Fall sollten Sie den unten stehenden Satz formulieren.

Lebendiges Gebet

Ich bitte darum, dass ich und meine Familie absolut unbeschadet durch diesen Sturm kommen und dass auch meine Stadt keinen Schaden nimmt.

Verändern Sie die Formulierung den Umständen entsprechend.

Sitzen Sie und Ihre Lieben in einem demolierten oder eingestürzten Gebäude fest oder sind Sie durch Überschwemmungen von der Umwelt abgeschnitten, bietet sich folgende Formulierung.

Lebendiges Gebet

Ich bitte darum, dass ich und meine Lieben keinen Schaden nehmen und dass wir sofort von allen Wesen, die helfen können, jeglichen Beistand bekommen.

Den idealen Lebensgefährten finden

Sind Sie auf der Suche nach einem Partner, mit dem Sie Ihr Leben teilen können, empfiehlt es sich – es ist ja eine weitere Person beteiligt –, ein lebendiges Gebet zu sprechen. Wählen Sie folgende Formulierung.

> **Lebendiges Gebet**
>
> *Ich bitte darum, dass ich bald einen Menschen kennenlerne, den ich wirklich absolut wunderbar finde, und dass dieser Mensch mich ebenso mag wie ich ihn und mich so liebt, wie ich bin.*
> *Und dass ich diesen Menschen so mag und liebe, wie er ist, damit wir gemeinsam wachsen können, was dann die wohlwollendste Fügung für uns beide bedeutet.*

Erfolgreiche Geschäftsbeziehungen

Manchmal sind wir weit davon entfernt, unsere Arbeit erfolgreich zu erledigen: Wir sind unkonzentriert, fühlen uns ausgelaugt und angespannt. Hält der Zustand für längere Zeit an, ist die Gefahr groß, dass uns Fehler unterlaufen, die auch anderen Probleme bereiten und viel Stress mit sich bringen. Stehen Sie vor solch einem Problem, sprechen Sie mit großem Nachdruck und emotionaler Beteiligung folgende Formulierung.

Lebendiges Gebet

Ich bitte darum, dass alle Konsequenzen und Auswirkungen, die anderen durch meine Handlungsweise Schaden zufügen, geheilt und bereinigt werden.

Am besten ist es, wenn Sie diese Bitte in Ihren eigenen Worten ausdrücken. Sie werden sehen, dass Sie bald wieder konzentriert bei der Sache sind und Ihre Arbeit erfolgreich verrichten werden.

Geschäftsbeziehungen können angenehm sein, sich aber auch recht turbulent gestalten. Bei mir waren turbulente Geschäftsbeziehungen an der Tagesordnung, bis ich vom Konzept der wohlwollendsten Fügung hörte. Natürlich lässt sich aus allen Erfahrungen etwas lernen, doch wir wollen mit Hilfe des Universums einen sanfteren, stressloseren Weg einschlagen. Sind Ihre Geschäftsbeziehungen wenig zufriedenstellend, können Sie folgende Formulierung wählen.

> Lebendiges Gebet
>
> *Ich bitte darum, dass sich mir jetzt der ideale Geschäftspartner (oder auch mehrere) zu erkennen gibt und dass mir dieser Kontakt die wohlwollendste Fügung beschert.*

Da auch in diesem Fall Dritte mit betroffen sind, können Sie auch ein lebendiges Gebet sprechen, obwohl Sie um eine wohlwollendste Fügung für sich selbst ersuchen.

Die globalisierte Gemeinschaft

Im Zuge der Globalisierung müssen immer mehr Menschen lernen, mit Menschen aus anderen Kulturkreisen zurechtzukommen. Vielleicht fühlen Sie sich manchmal etwas ratlos oder überfordert, Menschen zu begegnen, die ganz anders zu sein scheinen. Was können Sie nun tun? Ein guter Anfang ist, das unten stehende lebendige Gebet zu sprechen.

Lebendiges Gebet

Ich bitte darum, dass meine Familie, all meine Freunde und Nachbarn jetzt und in den kommenden Monaten und Jahren auf die bestmögliche und wohlwollendste Weise mit allen anderen Menschen leben und arbeiten.

Dieses lebendige Gebet bewirkt, dass sich Integrationsprozesse auf dieser Welt entspannter und harmonischer gestalten.

Politische Entscheidungen

Politik wird von verschiedensten Sachzwängen sowie von menschlichen Unwägbarkeiten beeinflusst, zumal auch Politiker »nur« Menschen sind, denen Fehler unterlaufen können. Sicherlich geraten Politiker auch oft unter den Einfluss jeweiliger Lobbys, die andere Prioritäten haben, als sich für Ihre Interessen einzusetzen. Ich schlage Ihnen vor, folgende Formulierung auszusprechen.

> Lebendiges Gebet
>
> *Ich bitte darum, dass meine Regierung politisch mit Wohlwollen und Einfühlsamkeit handelt und eine Politik verfolgt, die für mein Land und die Welt zum größten Wohle ist.*

Sprechen Sie diese Worte ehrlich und aufrichtig, denn sie zeigen nur Wirkung, wenn sie ohne Ironie oder Geringschätzung in der Stimme geäußert werden. Das ist sicherlich manchmal schwierig, insbesondere wenn Führungspersönlichkeiten in den Medien Gegenstand von Hohn und Spott sind, aber Sie sollten sich trotzdem um Ehrlichkeit bemühen.

Für den Frieden

Was lebendige Gebete ihrem Wesen nach sind, wurde mir klar, als ich beschloss, um eine wohlwollendste Fügung für den Weltfrieden zu bitten. Bei meinen Meditationen teilte sich mir mit, dass für eine solch allgemeine Bitte andere Engel zuständig sind. Ich bekam den Vorschlag, das unten stehende Gebet zu sprechen.

> **Lebendiges Gebet**
>
> *Ich bitte darum, dass die Herzen aller Menschen beginnen, den Frieden zu lieben, ihn zu schätzen, und sie sich dafür stark machen, dass Frieden entsteht.*

Sprechen Sie diese Bitte nur *einmal*. Sie brauchen sie nicht zu wiederholen.

Für den Natur- und Umweltschutz

Vielleicht macht Ihnen die Umwelt Sorgen und Sie sind der Meinung, dass die Ihnen am Herzen liegenden Projekte, sei es ein Nationalpark, Wald oder ein Naturschutzgebiet, nicht die angemessene Unterstützung der Regierung erhalten. In diesem Fall können Sie das unten stehende lebendige Gebet sprechen.

> ### Lebendiges Gebet
>
> *Ich bitte darum, dass alle Lebewesen, die in _____ [Name des Umweltprojekts einfügen] leben oder einen Besuch dort machen, von den Behörden auf die wohlwollendste Weise, zu der diese fähig sind, unterstützt und betreut werden.*

Zum Schutz der Natur und Umwelt können Sie generell folgende Formulierung wählen.

Lebendiges Gebet

Ich bitte darum, dass sich die Erde von den durch Menschen verursachten Veränderungen wieder erholen kann und sich mit Unterstützung aller Wesen auf die wohlwollendste Weise regeneriert.

Eine andere Bitte, die sich auf unsere Umwelt bezieht, enthält die unten stehende Formulierung.

Lebendiges Gebet

Ich bitte darum, dass alle Industriezweige, die den Lebewesen und der Erde Schaden zufügen, die Vorteile entdecken, die mit der Nutzung anderer Ressourcen einhergehen, die zum Wohle aller sind.

Sie können Ihre Bitte präzisieren, indem Sie konkretisieren, um welchen Industriezweig und um welche Firma es sich handelt.

Checkliste: Lebendige Gebete

* Lebendige Gebete und wohlwollendste Fügungen sind sich darin ähnlich, dass Wohlwollendes erbeten wird. Lebendige Gebete sind jedoch vorrangig Bitten für andere Menschen, wohlwollendste Fügungen hingegen für die eigene Person.
* Obwohl lebendige Gebete für andere Menschen gesprochen werden, können sie auch die eigene Person mit einschließen.
* Lebendige Gebete sollten in möglichst einfachen Worten ausgedrückt werden.
* Lebendige Gebete werden von Engelswesen sogleich erhört.
* Lebendige Gebete sind gewaltige Energien.

11 »ICH HOFFE« – EINE FORM, WÜNSCHE ZU ÄUSSERN

Kürzlich stellte ich während eines Besuchs bei unseren Freunden Don und Karen fest, dass ich das Konzept der Hoffnung einsetzte, um die wohlwollendste Fügung zu erhalten.

Wünsche mit Ich hoffe

Da meine Frau und ich lange nicht mehr in San Diego gewesen waren, stand eine umfassende Besichtigungstour auf dem Programm: Wir schauten uns den Wildpark an, besuchten das beeindruckende Aquarium und wollten zum Mittagessen in die malerische Stadt Escondido. Wir kutschierten gemütlich die Hauptstraße hinunter, aber weder ein Restaurant noch Parkplätze waren in Sicht. Plötzlich fuhr direkt vor uns ein Auto aus einer Parklücke – hier war also unser Parkplatz. Und nicht nur das, vor uns war eine kleine französische Bäckerei, in der es auch etwas zum Mittagessen gab. Da es sonnig und warm war, beschlossen wir, im Freien zu essen.
Wir ließen es uns schmecken und unterhielten uns angeregt, als ein Mann mit einer Schubkarre aus dem Laden nebenan kam, der offensichtlich dort das Geschäft führte

und dabei war, die Schubkarre zu säubern, indem er mit einer Schaufel geräuschvoll darin herumkratzte. Es wurde laut und staubig, und alle Gäste, die ebenfalls im Freien ihr Essen zu sich nahmen, wurden ärgerlich. So ging es mehrere Minuten lang dahin. Schließlich sagte ich recht emotional:

> Ich hoffe
>
> *Ich hoffe, dass er jetzt aufhört!*

Der Mann hörte augenblicklich auf und bugsierte seinen Schubkarren wieder in den Laden hinein. Ich war recht überrascht, und mein Freund Don begann zu lachen, denn er hatte mitverfolgt, was passiert war. Obwohl mir klar war, dass der Handwerker mich nicht gehört haben konnte, war mir die Situation peinlich, denn ich hatte – so war mein Eindruck – dem Mann befohlen, seine Arbeit zu beenden.

Als ich am nächsten Morgen über die Situation meditierte, bekam ich folgende Botschaft: Ein Wunsch, in dem die Worte »ich hoffe« vorkommen, ist eine Bitte um die wohlwollendste Fügung, die direkt an eine handelnde Person gerichtet ist. Diese Person muss dem Wunsch nicht Folge leisten. »Hoffen« wird in *Webster's Dictionary* definiert als »ein Wunsch, der mit der Erwartung

einhergeht, dass man bekommt, was man sich wünscht, oder glaubt, dass man es erhalten kann.«
Bei unserem Beispiel bedeutet dies, dass der Mann schon fast mit seiner Arbeit fertig war. Als ich sagte, ich *hoffe*, er würde aufhören, kam er diesem indirekten Wunsch nach und putzte nicht länger an der Schubkarre herum.

Ich-hoffe-Wünsche – wie und wann einsetzen?

Bislang habe ich selten Wünsche mit der Formulierung »ich hoffe« eingesetzt. Scheuen Sie sich jedoch nicht, diese Form des Wünschens zu wählen – ein Restaurant, in dem Hochbetrieb herrscht, ist eine gute Gelegenheit. Wählen Sie die unten stehende Formulierung.

Ich hoffe

Ich hoffe, dass unser Kellner jetzt kommt, um unsere Bestellung aufzunehmen.

Ich habe das Konzept kürzlich ausprobiert: Unser Kellner hatte kein Zeit für uns, da er – das konnte ich sehen – gerade damit beschäftigt war, zwei Drinks zu mixen. Kurz nachdem wir uns gesetzt hatten, kam ein anderer Kellner an unseren Tisch, fragte nach unseren Wünschen und nahm unsere Bestellung entgegen.

Sie können diese Formulierung auch einsetzen, wenn Sie in einem Geschäft umgehend bedient werden möchten. Kommt trotzdem kein Verkäufer, sind alle so beschäftigt, dass sie nicht sofort reagieren können.

Ist es Ihr Wunsch, dass jemand aus geschäftlichen oder privaten Gründen bei Ihnen anruft, bringen Sie Ihr Anliegen in folgendem Satz zum Ausdruck.

> Ich hoffe
>
> *Ich hoffe, dass mich _____*
> *[den Namen einfügen] heute anruft.*

Vielleicht möchten Sie diesem Wunsch etwas hinzufügen: die wohlwollendste Fügung für das Ergebnis dieses Telefonats.

Für mich sind Wünsche mit der Formulierung »ich hoffe« eine Ergänzung zu den Bitten um wohlwollendste Fügungen und zu den lebendigen Gebeten. Es wäre für mich interessant zu erfahren, wie Sie Ihre Ich-hoffe-Wünsche einsetzen.

12 ABSCHLIESSENDE ÜBERLEGUNGEN

Ich habe Ihnen in diesem Buch einen sanfteren, stresssloseren Lebensstil präsentiert und Ihnen Möglichkeiten an die Hand gegeben, den Kontakt mit Ihrem Schutzengel und Geistführern aufzubauen und aufrechtzuerhalten.

Es kann durchaus sein, dass Sie es sich nicht zur Gewohnheit machen, regelmäßig um wohlwollendste Fügungen zu bitten und in lebendigen Gebeten Ihre Bitten zu formulieren.
Ihre Erinnerungen an Ihre Wünsche und die erhaltenen wohlwollendsten Fügungen werden verblassen. Sie werden auf das Leben erneut nur reagieren, anstatt zu *agieren*, und Sie werden so womöglich nie Gestalter eines friedlichen und stresslosen Lebens sein.
Für meine Freunde war es das Schwierigste, sich anzugewöhnen, um wohlwollendste Fügung zu ersuchen. Glauben Sie nicht, dass Sie sich nur bei »wichtigen Angelegenheiten« eine wohlwollendste Fügung wünschen dürfen. Sie haben mehr als nur drei Wünsche frei und können zigtausend Mal um das hilfreiche Ergebnis bitten. Ich habe mir bislang an die zehn- bis fünfzehntausend Mal eine wohlwollendste Fügung gewünscht, und bislang sind mir die Gelegenheiten noch nicht ausgegangen!

Je öfter Sie sich eine wohlwollendste Fügung wünschen, darauf habe ich bereits hingewiesen, desto besser können Sie Botschaften Ihres Schutzengels und Hinweise auf veränderte Umstände wahrnehmen. Sogar bei so simplen Bitten wie beispielsweise einer wohlwollendsten Fügung für meine Fahrt quer durch die Stadt fällt mir nun auf, wie sich plötzlich Lücken auftun, wie ein Verkehrspolizist jemand anderen herauswinkt und Autofahrer mit einem gefährlichen Fahrstil an mir vorbeiflitzen, dabei aber großen Abstand halten. Ich bin mir meiner Umgebung nun erheblich besser bewusst, und das gilt sicher auch für Sie.

Aus diesem Grund schlage ich Ihnen vor, zu Hause oder am Arbeitsplatz kleine Merkzettel anzubringen, die Sie ständig erinnern, richtige Wünsche zu formulieren – bis dies gar nicht mehr notwendig ist. Ich lege Ihnen nahe, verschiedene Merkzettel anzufertigen; verwenden Sie möglichst bunte Stifte, damit Sie Ihre Merkzettel nicht übersehen können. Machen Sie sich am besten gleich ans Werk.

Vielleicht haben Sie ja bereits um wohlwollendste Fügung ersucht und bei kleineren alltäglichen Angelegenheiten Erfolge verbucht. Falls Sie nur bei bedeutenden, wichtigen Ereignissen um eine wohlwollendste Fügung gebeten haben, hat sich womöglich noch keine Lösung eingestellt. Aber glauben Sie nur nicht, dass gar nichts passiert. Haben Sie Geduld – das wird auch mir bei meinen Meditationen immer wieder mitgeteilt –, und wünschen Sie sich Kleinigkeiten.

13 ANLEITUNGEN ZU EINEM SCHÖNEN LEBEN

Auf den folgenden Seiten finden Sie mehrere Anleitungen. Dies sind zusätzliche Vorschläge, wie Sie bei der Bitte um eine wohlwollendste Fügung und durch lebendige Gebete Ihr Leben weiter verbessern können.
Ich darf Sie noch einmal erinnern: Gespräche mit Engeln sind keine Erfindung von mir. Es gibt sie schon seit Jahrtausenden. Ich habe verschiedene Konzepte ausprobiert – und sie haben funktioniert. Deshalb gebe ich sie weiter. Sie haben in diesem Buch von den vielen Fehlern und Flops gelesen, die mir im Lauf der Jahre passiert sind – wobei mich Bitten um wohlwollendste Fügungen immer gerettet haben. Und ich kann Ihnen versichern, dass mir bestimmt noch weitere Missgeschicke unterlaufen werden, denn sie sind Bestandteil des Abenteuers Leben.

Auf den nachfolgenden Seiten finden Sie Zusatzaufgaben und weiterführende Methoden, die über das eigentliche Anliegen dieses Buches hinausgehen. Sie müssen mit diesen Übungen nicht herumexperimentieren, damit sich Ihre Bitte um eine wohlwollendste Fügung erfolgreich gestaltet. Die folgenden Übungen sind nur dazu gedacht, Ihr Leben zusätzlich zu bereichern.

Wenn Sie mit einer tollen Erfolgsgeschichte aufwarten können, schicken Sie mir eine E-Mail. Vielleicht schreibe ich einen Nachtrag zu diesem Buch, in dem ich die Geschichten aus aller Welt wiedergebe, um noch mehr Menschen zu ermutigen, Bitten um die wohlwollendste Fügung in ihren Alltag zu integrieren. Wenn Sie Lust haben, schicken Sie Ihren Beitrag doch bitte an: stories@thegentlewaybook.com.

Tägliche Affirmation

Diese Affirmation klebt an meinem Badezimmerspiegel. Damit beginne ich einen neuen Tag.
Der Text legt Ihre Ziele fest und verändert mit der Zeit – ich spreche hier von Monaten – Ihre negativen Gedanken, die Sie bislang daran gehindert haben, ein erfolgreiches Leben zu führen.

Tägliche Affirmation

Ich bin Teil der Schöpfung. Ich habe meine derzeitige Realität geschaffen und schaffe auch alles, was ich künftig erlebe. Deshalb ist alles, was bisher war, mein Wirken.
Heute beschließe ich, mein Bewusstsein zu erweitern.
Heute beschließe ich, den Alterungsprozess meiner Zellen zu verlangsamen und bei meinem täglichen Tun Göttlichkeit zu schaffen.
Heute beauftrage ich meine Zellstrukturen, meiner Absicht entsprechend in meine Richtung zu schwingen.
Ich schaffe bei allem friedliche Harmonie, wohin ich auch gehe.
Ich schaffe für mich beste Gesundheit, Wohlstand, Überfluss und wohlwollendste Fügung. Und so soll es sein.

Merkzettel für wohlwollendste Fügungen

Damit Sie auch wirklich nicht vergessen, tagtäglich um wohlwollendste Fügung zu ersuchen, sollten Sie einen Zettel mit folgender Botschaft anbringen – wählen Sie den Ort so, dass Sie die Notiz morgens und abends im Blickfeld haben.

Sie können diesen Text von Hand oder mit dem Computer schreiben oder auch meine Website – www.thegentlewaybook.com – besuchen und diese Zeilen kopieren und dann ausdrucken. Sobald Sie dieses Buch endgültig aus der Hand gelegt haben, verblasst Ihre Erinnerung mit der Zeit immer mehr.

Heute um die wohlwollendste Fügung bitten!

Sie brauchen jeden Tag eine Stimulation, die Sie daran erinnert, sich das Bitten um eine wohlwollendste Fügung zur Gewohnheit zu machen. Sobald sich diese Gewohnheit verankert hat, besteht keine Notwendigkeit mehr, diesen Merkzettel jeden Tag zu lesen. Etwa einmal die Woche reicht dann aus, um zu prüfen, ob Sie womöglich vergessen haben, Ihre Bitte um eine wohlwollendste Fügung zu formulieren.

Träume aufschreiben

Auch diese Anregung müssen Sie nicht aufgreifen, um Ihre hilfreichen Ergebnisse erfolgreich zu gestalten, auch sie dient lediglich der Bereicherung Ihres Lebens.
Ich schreibe schon seit 1979 meine Träume auf und habe sicherlich Tausende Träume festgehalten. Meine Erfahrung damit ist die, dass Träume meist Botschaften unseres Schutzengels enthalten.

Vor vielen Jahren wollten meine Frau und ich an einem Weltkongress für Reiseveranstalter in Manila teilnehmen. Ich hatte einen sehr lebhaften Traum von einer Explosion, in dem eine Frau und mehrere Männer vorkamen. Aufgrund dieses Traums stornierten wir unseren Manila-Aufenthalt und blieben noch einige Tage in Taiwan und Hongkong. Wie sich herausstellen sollte, war es ein hellsichtiger Traum, denn am ersten Kongresstag explodierte eine Bombe in der Rezeption, zehn Personen wurden verletzt. Zudem wurden eine Frau und vier Männer verhaftet.
Dieser Vorfall ereignete sich, als ich begonnen hatte, meine Träume aufzuzeichnen; Sie können sich sicherlich vorstellen, wie ernst ich die Sache von da an genommen habe!

In der Zeit, als meine Frau und ich unsere Reiseagentur verkauften, hörte ich mich um, was ich als Nächstes tun könnte. Ich träumte von einer Art alternativen Kino-

tournee, wie sie in den 1970er Jahren gern von unabhängigen Filmemachern arrangiert wurden; gezeigt wurden Abenteuerfilme für die ganze Familie.
Ich verstand zunächst nicht, weshalb ich das träumte, aber es sollte nicht lang dauern, bis ich zu einem internationalen Film- und Fernsehvertrieb ging.

Traumtagebuch

Beim Aufschreiben Ihrer Träume gehen Sie folgendermaßen vor:

* Kaufen Sie ein Spiralheft, einen Stift und eine kleine Taschenlampe oder ein Leselicht.
* Legen Sie alle Gegenstände auf Ihren Nachttisch.
* Halten Sie jeden Abend das Datum des nächsten Tages fest sowie den Ort oder die Stadt, in der Sie sich befinden und den Traum notieren.
* Sagen Sie laut: »Ich möchte, dass ich mich heute an meine Träume erinnern kann.«
* Kaufen Sie ein Traumdeutungslexikon, wenn es Ihnen schwerfällt, Ihre Träume zu interpretieren.

Im Lauf der Jahre habe ich unzählige Male gehört: »Ach, aber ich träume nichts.« Das kann nun absolut nicht stimmen. Jeder träumt! Aber wenn Sie Ihr Bewusstsein nicht auffordern, sich an Ihre Träume zu erinnern, gehen sie unmittelbar nach dem Aufwachen verloren. Um sich an Ihre Träume erinnern zu können, möchte ich Ihnen ein paar Vorschläge machen:

* Sagen Sie jeden Abend laut und deutlich, dass Sie sich wünschen, sich an Ihre Träume erinnern zu können.
* Sagen Sie sich, dass Sie fünf oder zehn Minuten vor dem Weckerläuten aufwachen möchten.
* Versuchen Sie, mit möglichst viel Ruhe zu erwachen. Schalten Sie weder Radio noch Fernseher ein.
* Wenn Sie nachts aufwachen, überlegen Sie sich, was Sie gerade geträumt haben, und halten Sie es sofort fest. Am Morgen können Sie sich vielleicht nicht mehr erinnern.
* Wenn der Traum die Qualität einer Warnung hat, können Sie den unten stehenden Satz sprechen.

Wohlwollendste Fügung

Ich bitte um die wohlwollendste Fügung für den Fall, dass dieser Traum mein Privatleben betrifft. Danke.

Meditation

Meditation ist eine gute Möglichkeit, etwas für Ihre Gesundheit zu tun. Als ich einmal eine Stunde nach der Meditation beim Arzt war, hatte ich einen so niedrigen Blutdruck, dass er vorsichtshalber zweimal gemessen wurde.

Viele Ärzte empfehlen heutzutage Meditation. Eine im Herbst 2005 durchgeführte Studie kam zu dem Ergebnis, dass bei Meditierenden das Gehirn in den Arealen, die für Konzentration und Merkfähigkeit zuständig sind, um fünf Prozent dicker ist als bei Nichtmeditierenden. Daraus lässt sich schließen, dass Meditation die Dauer der Konzentrationsfähigkeit und die Gedächtnisleistung verbessern kann [*U.S. News and World Report*, 26. Dezember 2005].
Meditation bietet jedoch erheblich mehr. Sie hilft Ihnen, Ihren Geist zur Ruhe kommen zu lassen, und schafft optimale Voraussetzungen, damit Sie die Antwort Ihres Schutzengels vernehmen können.

Wer anfangen möchte zu meditieren, sollte die folgenden einfachen Schritte beherzigen.

* Versuchen Sie, immer zur gleichen Zeit zu meditieren. Das kann bedeuten, dass Sie Ihren Wecker am Morgen zwanzig Minuten früher stellen müssen – und ja, es kann sein, dass Sie deshalb Ihre Schlafgewohnheiten ändern müssen. Sie können auch in der

Arbeit während der Mittagspause meditieren oder meditieren, anstatt Fernsehen zu schauen oder essen zu gehen.
* Halten Sie Ihr kleines Notizbuch bereit, damit Sie die traumähnlichen und schnell verblassenden Botschaften sofort notieren können.
* Hören Sie während der Meditation schöne leise Musik, um Geräusche von außen zu dämpfen. Vielleicht müssen Sie sich Kopfhörer aufsetzen. Ich höre Musik des kanadischen Musikers Robert Coxon, der wirklich herrliche Musik macht.
* Setzen Sie sich bequem auf einen Stuhl, ein Sofa oder auch auf den Boden, und zwar aufrecht. Achten Sie darauf, dass Sie nicht in sich zusammensinken.
* Bitten Sie für Ihre Meditation um eine wohlwollendste Fügung.
* Schließen Sie die Augen. Legen Sie die Fingerspitzen von Daumen und Zeigefinger aneinander.
* Atmen Sie durch die Nase ein, halten Sie, während Sie bis vier zählen, die Luft an und atmen Sie sanft durch den Mund aus; die Lippen sind kaum geöffnet. Diese Technik hilft Ihnen, Ihre Aufmerksamkeit zu fokussieren. Nach einer Weile atmen Sie weiterhin durch die Nase ein und durch den Mund aus, ohne jedoch den Atem anzuhalten.
* Entspannen Sie Ihren Körper, indem Sie Ihren Muskeln gestatten, sich langsam – beginnend von unten – von den Fußsohlen zu den Beinen und von dort weiter zum Oberkörper, zu den Armen, Händen bis hinauf

zum Nacken zu entspannen. Vergessen Sie nicht, die Muskulatur des Mundes zu lockern.
* Bringen Sie Ihren Geist bewusst zur Ruhe. Schieben Sie jegliche Gedanken an Ihre täglichen Aktivitäten sanft beiseite. Das ist der schwierigste Teil, weil Ihr Geist zu Hunderten verschiedenen Themen springen möchte.
* Während Sie Ihren Geist zur Ruhe bringen, stellen Sie sich ein wunderschönes weißes Licht vor, das von reiner Liebe erfüllt ist und von Ihrem Schutzengel auf Ihren Kopf niederkommt. Lassen Sie dieses wunderschöne liebevolle Licht langsam in Ihren Körper gleiten – zunächst durch den Kopf, hinunter zur Kehle, anschließend durch das Herz und den Solarplexus, weiter durch den Magen, vorbei am Leistenbereich und in die Füße hinunter. Stellen Sie sich vor, wie das Licht durch den Boden bis in die Mitte der Erde fließt.
* Visualisieren Sie ein goldenes Licht, das von Ihrem Herzen ausstrahlt und in einer Spiralbewegung Ihren ganzen Körper wie einen Kokon umgibt. Verstärken Sie dieses Licht und stellen Sie sich vor, wie es die ganze Welt umfasst. All das hilft Ihnen, sich zu konzentrieren und zu visualisieren.
* Während Sie weiterhin sanft durch die Nase ein- und durch den Mund ausatmen, stellen Sie sich vor, wie Sie eine Treppe hinuntergehen. Die Stufen sind mit Nummern versehen. Gehen Sie von der Nummer sieben hinunter bis zur Nummer eins. Während Sie die Trep-

pen hinuntersteigen, denken Sie: Sieben, hinunter, hinunter, hinunter, sechs, hinunter, hinunter, hinunter – und so weiter. Wenn Sie das Bedürfnis haben, können Sie den Vorgang wiederholen.
* Jetzt ist Ihr Geist zur Ruhe gekommen, und Sie beginnen einen herrlichen Ort zu visualisieren, an dem Sie sich aufhalten – am Strand oder in den Bergen zum Beispiel. Schauen Sie, ob sich Botschaften oder Bilder einstellen. Falls Sie eine Frage haben, fragen Sie nach, und *warten Sie auf die Antwort*. Springen Sie nicht plötzlich zu einem anderen Thema und lassen Sie sich nicht durch andere Gedanken ablenken. Wahrscheinlich haben Sie das Gefühl, als würden Sie die Antwort, auf die Sie warten, denken. Doch das stimmt nicht.
* Wenn Sie ins Hier und Jetzt zurückkehren wollen, gehen Sie die Treppe wieder hinauf. Während Sie von eins bis sieben zählen, werden Sie richtig wach. Notieren Sie sich alle Gefühle, Bilder und Botschaften, die Sie empfangen haben.

Seien Sie nicht enttäuscht, wenn Ihre ersten Versuche zu keinem Ergebnis geführt haben. Es ist wie beim Radfahren: Man braucht Übung.
Es gibt viele Bücher zum Thema Meditation, wenn Sie sich eingehender damit befassen wollen. Auch Meditations-CDs mit geführten Meditationen können Ihnen helfen, damit Sie beim Meditieren die wohlwollendste Fügung erhalten.

Warmes-Herz-Meditation

Diese Meditation will Sie mit dem Gefühl der Selbstliebe vertraut machen.

* Schließen Sie die Augen. Reiben Sie etwa eine Minute lang mit dem Daumen ganz sanft über Ihre Fingerspitzen – nichts weiter. Sie werden spüren, wie Ihre innere Sammlung zunimmt und Ihre Aufmerksamkeit von anderen Dingen in Ihrer Umgebung abgezogen wird.
* Konzentrieren Sie sich nun auf Ihr Herz oder auf irgendeinen Bereich Ihres Körpers. Sie können sich auch auf Ihren Unterleib konzentrieren. Warten Sie so lange – es dauert vielleicht ein oder zwei Minuten –, bis sich ein Wärmegefühl einstellt.
* Gehen Sie in diese Wärme hinein, bleiben Sie in ihr und spüren Sie ihr einige Minuten lang nach. Ihr Körper verinnerlicht, wie sich diese Wärme anfühlt, und auch Ihnen wird bewusst, wie sich das Geschehen anfühlen soll. Die Wärme kann an unterschiedlichen Stellen auftreten. Versuchen Sie nicht, sie anderswohin zu verlagern. Bleiben Sie im Spüren der Wärme. Je öfter Sie diese Übung wiederholen, desto länger können Sie sie mit der Zeit ausüben.

Denken Sie anschließend über folgende Aussage nach: *Die Wärme ist der physische Beweis, dass ich mich liebe.* Sie haben sicherlich schon häufig gelesen, wie wichtig es ist, dass wir uns selbst lieben, doch waren das meist reine Gedankenspiele, intellektuelle Konzepte eben. Diese Übung vermittelt Ihnen die körperliche Erfahrung, wie es ist, wenn Sie sich selbst lieben. Und zudem vereint Sie sie mit Ihren Engeln und mit der gesamten Schöpfung. Sie erlangen so mehr Leichtigkeit und auch Trost im Leben.

Wenn Sie diese Übung mit der Zeit besser beherrschen, werden Freunde und Bekannte in Ihrer Gesellschaft entspannter sein, und Ihr Leben wird sich harmonischer gestalten. Sie werden sich auch nicht mehr so schnell über etwas aufregen.

Wenn jemand wissen will, weshalb er sich in Ihrer Gesellschaft plötzlich wohler fühlt und was Sie tun, dann können Sie demjenigen diese einfache Meditation beibringen. Und auch dies ist zu Ihrem eigenen Vorteil, denn Sie machen eine positive Erfahrung und haben somit mehr vom Leben.

Ein lebendiges Gebet im Katastrophenfall

Ich habe dieses lebendige Gebet noch mal ans Ende dieses Buches gestellt, damit Sie problemlos darauf zurückgreifen können, wann immer Sie das Bedürfnis verspüren, Menschen in einem anderen Teil der Welt tröstlichen Beistand zu geben. Das Gebet kann bei Erdbeben, Tsunamis, Vulkanausbrüchen, Wirbelstürmen, Tornados, Terrorangriffen oder sonstigen Katastrophen gesprochen werden, um den Beistand der Schutzengel zu erbitten.

Ich habe bereits darauf hingewiesen, dass ich lebendige Gebete nicht auf Menschen beschränken möchte und deswegen die Formulierung »Wesen« bevorzuge. Wenn Sie »alle Wesen« sagen, schließen Sie nicht nur Menschen ein, sondern auch Rettungshunde, Katzen, wilde Tiere und Engelswesen.

Lebendiges Gebet

Ich bitte darum, dass alle Wesen, die in _____ [Ort nennen] Hilfe benötigen, umgehend von allen Wesen, die ihnen helfen können, jeden erdenklichen Beistand bekommen. Danke!

DANKSAGUNG

Wenn jemand ein Buch schreibt, scheint es das Bemühen einer Einzelperson zu sein, in Wirklichkeit wird jedoch enorm viel Input von außen empfangen: bei der Formulierung der Buchidee, während des ersten Schreibprozesses und natürlich während der Korrekturphase, wenn Freunde ihre Vorschläge einbringen. Ich möchte damit beginnen, den vielen Autoren zu danken, deren Bücher mich inspiriert haben. Am Anfang gehörten dazu Brad Steiger, Dick Sutphen, Ruth Montgomery und Dr. Edith Fiore. Später dann, vor zehn Jahren etwa, empfahl Robert Shapiro in seinen inspirierenden Büchern, wohlwollende Erfahrungen, wohlwollende Gesellschaft und hilfreiche Ergebnisse anzustreben, und so nahm ich seinen Rat an. Heute zählt Robert zu meinen besten Freunden.

Als Nächstes möchte ich all denjenigen Menschen danken, die zu diesem Buch ihre persönliche Geschichte beigesteuert haben. Euch allen danke ich von Herzen dafür, dass ihr mir erzählt habt, auf welche Weise eure Wünsche nach einem hilfreichen Ergebnis in Erfüllung gegangen sind.

Mein Dank gilt auch meinen Freunden, die mein Manuskript gelesen haben, Vorschläge unterbreitet und die Grammatikfehler korrigiert haben. Da sich unter ihnen auch Personen befinden, deren Geschichte hier wiedergegeben wird, will ich sie an dieser Stelle nicht namentlich nennen, aber dennoch meiner aufrichtigen Wertschätzung Ausdruck verleihen, weil sie sich die Zeit genommen haben, dieses Buch Zeile für Zeile durchzusehen.

Mein besonderer Dank gilt meiner Frau Dena und meiner Tochter Shannon, die mir beide nahelegten, spezielle Tage fürs Schreiben zu reservieren, anstatt in unserem Unternehmen ganz normal zu arbeiten. Ich würde wahrscheinlich noch immer versuchen, Zeit zum Schreiben zu finden, hätte ich nicht diese bestimmten Tage in der Woche gehabt, die allein meiner Schriftstellerei vorbehalten waren. Und vielen Dank auch meinem Sohn Todd, der meinen PC immer auf den neuesten Stand gebracht hat.

Und zuletzt gilt mein Dank meiner Verlegerin Melody Swanson, die meinem Buch höchste Priorität eingeräumt hat und es dadurch ermöglicht hat, dass es einige Monate vor dem ursprünglich geplanten Termin erscheinen konnte.

MIKE DOOLEY

Verändere dein Denken, dann hilft dir das Universum

Eine praktische Anleitung

Wir alle stecken voller unbegrenzter Möglichkeiten – es geht nur darum, sie zu entdecken. Seine Lebensträume zu verwirklichen hat nach Ansicht des Bestsellerautors Mike Dooley weniger mit harter Arbeit als mit Überzeugung zu tun und mit den entsprechenden Erwartungen, dass dies möglich ist.
In diesem praktischen Kursbuch beschreibt Mike Dooley Erfolgsprinzipien, die jeder Mensch für sich selbst anwenden kann: sein Ziel eindeutig formulieren – es täglich visualisieren – kleine Schritte auf das Ziel zumachen. Um das Wie kümmert sich dann das Universum.

GAY HENDRICKS

5 Wünsche

*Wie eine einzige Frage
Ihr ganzes Leben ändern kann*

Mit einem Vorwort von Neale Donald Walsch

Stellen Sie sich vor, Sie stünden am Ende Ihres Lebens. Wären Sie mit Ihrem Leben zufrieden? Und wenn nicht, was hätten Sie sich gewünscht?
Gay Hendricks beschreibt, wie ein Fremder ihm mit dieser Frage half, den Sinn in seinem Leben zu erkennen, denn er hat dank dieser Begegnung Antworten gefunden. Nun gibt er seine Erfahrungen weiter und hilft mit seinen *5 Wünschen* dabei, sich auf das Wesentliche zu besinnen und den eigenen Träumen zu folgen.

GAY HENDRICKS

Lebe dein Leben, bevor es andere für dich tun

*Mehr wagen und
über sich selbst hinauswachsen*

Da geht es einem mal so richtig gut, und schon schleicht sich der Zweifel ein: Viel zu schön, um wahr zu sein! Der Grund für diese unbewusste Form der Selbstsabotage sind oft in der Kindheit erlernte Denkmuster, die die persönliche Entfaltung unnötig verhindern. Gay Hendricks zeigt in sieben Schritten, wie man diese innere Erfolgsbarriere auflösen kann. So lernt man, dankbar das anzunehmen, was man bereits hat, und auf dieser Basis seine Ziele höherzustecken und sie zu erreichen. Für ein selbstbewusstes Leben voller Möglichkeiten.